조선 후기,
의학 관료로 살기

## 조선 후기,
## 의학 관료로 살기

| | |
|---|---|
| 초판 1쇄 인쇄일 | 2025년 11월 19일 |
| 초판 1쇄 발행일 | 2025년 11월 26일 |
| | |
| 기 획 | 한국국학진흥원 |
| 지은이 | 박훈평 |
| 펴낸이 | 한선희 |
| 펴낸곳 | 국학자료원 새미(주) |
| | 등록일 2005 03 15 제251002005000008호 |
| | 경기도 고양시 덕양구 권율대로 656 원흥동 클래시아 더 퍼스트 1519, 1520호 |
| | Tel 02)442-4623 Fax 02)6499-3082 |
| | www.kookhak.co.kr |
| | kookhak2010@hanmail.net |
| | |
| ISBN | 979-11-6797-276-7 *94910 |
| | 979-11-6797-264-4 *94910 (세트) |
| 가격 | 17,000원 |

ⓒ 한국국학진흥원 인문융합본부, 문화체육관광부

* 이 책의 한국어판 저작권은 한국국학진흥원과 문화체육관광부에 있습니다. 신저작권법에 의해 보호받는 저작물이므로 무단 전재와 복제를 금합니다.

* 저자와의 협의하에 인지는 생략합니다.
  국학자료원·새미·북치는마을·LIE는 국학자료원 새미(주)의 브랜드입니다.

한국국학진흥원 전통생활사총서 52

박훈평 지음
한국국학진흥원 기획

# 조선 후기,
# 의학 관료로 살기

국학자료원

◈ 책머리에

　한국국학진흥원은 2022년부터 문화체육관광부의 지원 아래 전통생활사총서 사업을 기획하였다. 이 사업은 전통시대 생활문화를 대중에게 널리 알리고자 해마다 20명의 생활사 전문 연구진을 섭외하여 추진해 왔다. 지난해까지 네 종의 총서를 대중에게 선보였고, 올해도 다채로운 주제를 담은 20권을 발간하였다.
　한국국학진흥원은 국내에서 가장 많은 67만여 점에 이르는 민간 기록물을 소장하고 있는 기관이다. 대표적인 민간 기록물이라 할 수 있는 일기와 고문서는 당시 사람들의 일상을 세밀하게 이해할 수 있는 생활사의 핵심 자료이다.
　그동안 한국의 역사는 '조선왕조실록'이나 '승정원일기'와 같이 세계적으로 자랑할 만한 국가 기록물의 존재로 인해 중앙을 중심으로 이해되어 온 경향이 있다. 반면 민간의 일상생활에 대한 이해와 연구는 상대적으로 덜 주목받은 것도 사실이다. 다행히 한국국학진흥원은 일찍부터 민간에 소장되어 소실 위기에 처한 자료들을 수집하고 보존 처리하며 관리해 왔다. 나아가 이들 자료를 번역하고 심층 연구하여 대중에 공개했다. 이러한 민간 기록물을 활용하고 일반 대중에게 기여할 수 있는 효과적인 방법으로, '전통시대 생활상'을 생생하게 재현한 대중서로 집필하기에 이르렀다. 이는 일반인이 쉽고 재미있게 읽을 수 있는 전통생활사총서를 간행한 이유이기도 하다.

총서 간행을 위해 일찍부터 생활사의 세부 주제를 발굴하는 전문가 자문회의를 개최하고, 전통 생활문화를 가장 잘 구현할 수 있는 핵심 키워드를 선정하였다. 인간의 생활을 규정하는 보편적 분류인 정치, 경제, 사회, 문화의 큰 틀 아래, 매년 각 분야에서 핵심적이고 흥미로운 키워드를 선정하여 집필 주제를 정했다. 이번 총서의 키워드는 정치는 '지방 수령의 생활', 경제는 '시장 경제와 화폐 유통', 사회는 '질병과 의료', 문화는 '여가생활'이다.

각 분야마다 5명의 전공자로 집필진을 구성하고, 독자들이 어디서나 가볍게 들고 다니며 쉽게 읽을 수 있도록 다양한 사례를 풍부하게 담아달라고 요청하였다. 풍부한 사례 제시와 더불어 전문 연구자의 깊이 있는 시각을 담아 대중성과 전문성을 동시에 담보할 수 있는 것이 본 총서의 매력이다.

전문적인 서술로 대중을 만족시키기는 결코 쉽지 않다. 원고 의뢰 이후 5월과 8월에는 각 분야의 전공자를 토론자로 초청하여 2차례의 포럼을 진행하였고, 11월에는 완성된 초고를 바탕으로 대규모 학술대회를 개최하였다. 포럼과 학술대회를 통해 원고의 방향과 내용이 더욱 견고해지도록 점검하는 시간을 가졌다. 원고 수합 이후에는 각 책마다 전문가 3인의 심사 의견을 받았다. 출판사를 선정하여 수차례의 교정과 교열 작업을 거치며 완성도를 극대화했다. 책이 세상의 빛을 보기까지 꼬박 2년이 걸렸다. 짧다면 짧은 기간이지만, 2년의 응축된 시간 동안 꾸준히 검토 과정을 거쳤고, 토론과 교정을 통해 원고의 완성도를 높이기 위해 분주히 노력했다.

전통생활사총서는 국내에서 간행하는 생활사총서로는 가장 방대한 규모이다. 국내에서 전통생활사를 연구하는 학자 대부분을 포함하였다. 2024년도 한 해의 관계자만 연인원 백 명이 넘는 명실공히 국내 최대 규모의 생활사 프로젝트이다.

1990년대 이후 폭발적으로 증가했던 일상생활사와 미시사 연구에 대한 학계의 관심이 근래 들어 다소 소홀해진 상황이다. 본 총서의 발간이 생활사 연구에 활력을 불어넣는 계기가 되기를 기대한다. 연구의 활성화는 연구자의 양적 증가로 이어지고, 연구의 질적 향상 또한 이끌 것이다. 이는 전통문화에 대한 대중들의 관심 역시

증폭시키는 선순환을 만들어 낼 것이라 고대한다.

본 총서는 한국국학진흥원이 연구 역량을 집적하고 이를 대중에게 소개하기 위해 기획된 대표적인 사업 중 하나이다. 참여 연구자의 대다수가 전통시대 전공자이며 앞으로 수년간 지속적인 간행을 준비하고 있다. 올해에도 20명의 새로운 집필자가 각 어젠다를 중심으로 집필에 들어갔고, 내년에 또 20권의 책이 간행될 예정이다. 앞으로 계획된 총서만 100권에 달하며, 여건이 허락하는 한 이 소중한 작업을 지속할 예정이다.

대규모 생활사총서 사업을 지원해 준 문화체육관광부에 감사하며, 본 기획이 가능하게 된 것은 한국국학진흥원에 자료를 기탁해 준 분들 덕분이다. 다시 한번 깊이 감사드린다. 아울러 총서 간행에 참여한 집필자, 토론자, 자문위원 등 연구자분들께도 진심으로 감사 인사를 전한다. 책의 편집을 책임진 국학자료원에도 고마움을 표한다. 이 모든 과정은 한국국학진흥원 여러 구성원들의 노력이 있었기에 가능했다.

2025년 11월
한국국학진흥원 인문융합본부

## 차례

책머리에   4

들어가는 말   10

### 1. 의학 관료가 되려면?   13

정규 과정, 의학 생도와 습독관   15
고시와 경력직 채용, 의과와 취재   27
왕실 주치의 어의가 되는 길   37

### 2. 의학 관료는 어떻게 살았을까?   49

조선 의관의 로망, 내의원   51
의료 행정과 교육의 중추, 전의감   61
백성 돌봄의 장, 혜민서   67
국산과 중국산, 이원화된 약재 관리   74
삼의사 밖의 의관들   83
약을 살피다, 심약   91
당시 의학의 표준, 의학 교과서   99
조선 바깥으로의 여행, 사행 의원   106

## 3. 양반과 중인, 의원으로 살기     117

  몰락 양반, 살아남다     119

  의약은 필수 교양     124

  서얼, 목민관으로 출세하다     132

  그들만의 세상, 중인 의관 가계 네트워크     142

  전의감에 꽂힌 태안이씨, 변부자의 의원 노릇     150


  나오는 말     163

  주석     166

  참고문헌     168

◈ 들어가는 말

2024년 한 해 의대 정원 확대 이슈로 언론이 도배되었고 그 여파가 현재도 진행 중이다. 이른바 '의치한약수'라 불리는 의료 계열 학과들에 대한 입시생의 선호도는 단군 이래로 요즘과 같이 높은 시절이 또 있을까 싶다.

현재 한국의 의료인은 관련 학과를 전공한 이들이 국가고시를 통하여 면허를 부여받는다. 면허는 자격증과 달리 배타적인 허가, 즉 '면허를 가진 사람만이 그것을 할 수 있다'라는 성격을 지닌다. 흔한 면허증인 운전면허증을 보자. 어린 시절부터 아버지에게 운전을 배운 아이가 운전을 잘할 수도 있지만, 그 아이의 운전은 어디까지나 무면허 운전으로 처벌 대상이다. 반면 자격증은 그렇지 않다. 가가호호家家戶戶 실력을 뽐내는 요리사들이 있지만, 그들이 맛없는 음식을 한다고 해서 처벌받지는 않는다. 요리 자격증은 그가 어느 정도 수준의 요리를 한다는 인정일 뿐 배타적이지는 않다.

우리나라에서는 1900년 이전까지 배타적인 의료인 면허나 자격증이 존재하지 않았다. 즉 조선시대 의사는 오늘날의 의사처럼 국가에서 공인한 면허를 받고 활동하지 않았다. 그래서 국가에서 의료 인력을 활용하기 위해서는 의료적 지식과 소양을 평가할 수 있는 별도의 기준이 있어야 했다. 이 때문에 조선의 의료 관청은 의학을 교육하고 적절한 인력을 뽑아 활용하는 제도를 갖추었다. 좋은 의사는 단순히 의학 지식 습득만으로 길러지지는 않았기에, 도제식의 의료 경험 훈련이 수반되어야 했다. 조선에서는 지식과 경험을 두루 갖춘 의학 관료를 기르는 문제를 어떻게 해결하였을까.

이후의 글에서는 조선 후기 의학 관료가 실제 어떻게 되었고, 어떻게 살았는가를 다양한 이야기를 통하여 살펴보고자 한다. 근래 인기를 누렸던 드라마 '슬기로운 의사생활'의 조선 버전이다.

# 1

## 의학 관료가 되려면?

## 정규 과정, 의학 생도와 습독관

오늘날 의사가 되려면 의료인을 양성하는 교육 기관을 졸업하여 국가시험을 볼 수 있는 자격을 얻어야 한다. 조선시대에는 의료인을 기르는 역할을 국가에서 담당하였고, 대표적인 교육기관이 전의감典醫監과 혜민서惠民署였다. 의료 관청에서 종사하는 의학 관료가 되는 정규 과정은 의학醫學 생도生徒와 습독관習讀官이 되는 것이었다. 많은 이들이 이 코스를 통하여 의관의 길을 걸었다.

특히 의학 생도는 조선의 의료 인력 양성에 있어서 핵심적인 제도였다. 의학 생도를 줄여서 의생醫生으로도 불렀다. 의학 생도는 중국 당나라 때의 의학생이 시초로, 우리나라에서는 신라 때 이를 받아들여서 조선에까지 이어졌다. 조선 전기에는 전의감, 혜민서, 제생원濟生院 및 지방 관청에 의학 생도를 두었다. 생도 제도는 의료 관청뿐 아니라 사역원과 관상감 등 다른 기술직 관청에도 존재하였다. 조선에 있어 생도 제도는 국가가 필요한 기술 인력을 직접 기르는 교육 시스템이었다.

조선 후기 중앙 의료 관청은 내의원內醫院, 전의감, 혜민서 체제였다. 세 개의 의료 관청이라 삼의사三醫司라고도 부른다. 내의원에서는 왕실 의료를 전담하였고, 전의감은 신료들에 대한 의약 업무 외에 의과를 관장하는 역할을, 혜민서는 일반 백성들에 대한 의약 업무를 맡았다. 의료를 주된 일로 하는 관청이지만, 관청별로 하는 일에 따라 의료 인력 교육에서 다른 역할을 하였다.

기술직 관청에서 신규 생도를 받아들이는 과정을 완천完薦이라 불렀다. 의료 관청의 완천 제도는 혜민서 관청지인 『혜국지惠局志』(1778년 완성)에 혜민서의 사례가 상세하게 설명되어 있다.

### 그림 1
『혜국지』 표지와 본문, 서울대학교 규장각한국학연구원 소장

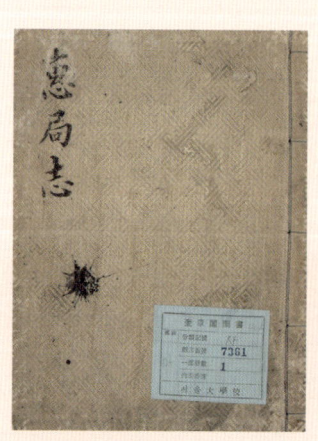
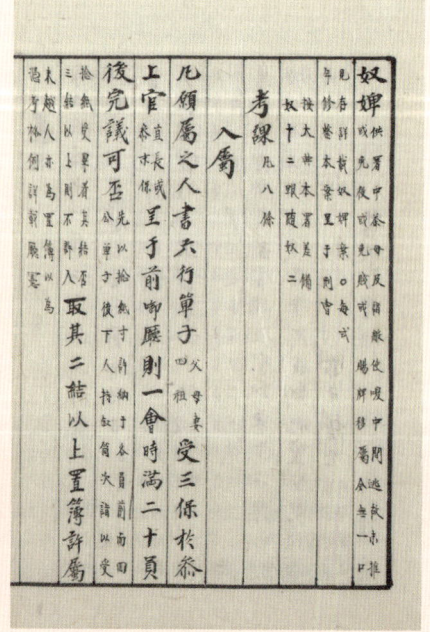

완천 제도 과정을 예를 들어 보자. 의학 생도가 되고 싶은 아무개가 있다.

그렇다면 그는 먼저 아버지와 어머니의 가계를 조목조목 쓴 문서인 단자單子를 제출해야 했다. 단자를 제출할 때에는 반드시 의학 관료의 보증을 받아야 했다. 요새 유행하는 '지인 찬스'가 제도화된 것으로 친족 중에 의학 관료가 있으면 더 유리하였다. 단자 제출 이후에는 이 단자를 놓고 전직 의학 관료들이 모인 전함청前銜廳에서 투표로 허락을 받았다.

이러한 절차 때문에 자신의 친척 중에서 의학 관료가 없는 이들은 의학 생도가 되기 어려웠다. 조선 후기, 전주이씨와 밀양변씨 등 몇 가문이 의학 관료직을 독점하면서 이러한 경향은 더욱 강화되었다. 입학 정원은 정해져 있는데 그 심사관이 지인과 친족이라면 결과는 정해져 있었다. 그런데 요새의 '지인 찬스'가 불공평한 것임에 반하여 당시의 이러한 제도는 꼭 부당한 것만은 아니다. 왜냐하면 도제식의 교육만 이루어지던 당시의 상황을 감안한다면 의관 집안 출신의 이라면 이미 어느 정도 검증된 인력임이 분명했고, 같은 의술 수준으로 만들기 위해서 국가가 써야 할 자원도 적게 들어갈 것이기 때문이다.

완천을 거친 이는 예비생도 자격이 주어졌고, 생도에 결원이 생

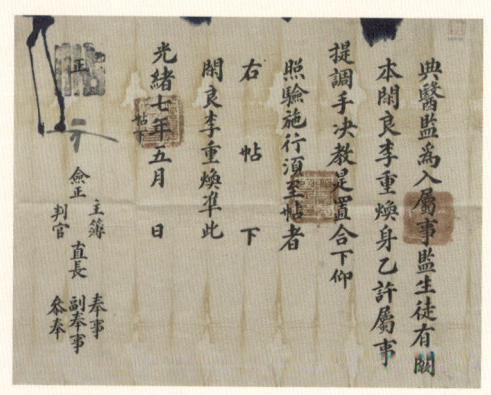

그림 2
1881년 『생도전의감차첩』,
서울대학교 규장각한국학연구원 소장

기면 그때야 비로소 생도가 되었다.

위 문서는 1881년(고종 17) '한량 이중환李重煥'을 전의감 생도로 입속(소속)을 허락한다는 내용의 차첩差帖이다. 한량이란 관직이 없이 한가로운 사람을 지칭하는 용어이다. 완천의 과정을 다 거치고 생도 결원이 있으면 이러한 차첩을 받고 생도가 될 수 있었다.

의학 생도는 의학 교육을 어린 시절부터 받게 되었는데, 의과 시험에 합격하는 것을 최종 목표로 하였다. 이러한 목표는 생도 입속자 수의 연도별 변동 주기에 드러난다. 19세기 후반 전의감 의학 생도 명단인 『전함생도안前銜生徒案』을 보면 정기적인 의과 실시 바로 전 해에 뽑는 생도 수가 많아졌다. 의학 생도 정원은 『경국대전』 등 국가법전에 규정되어 있었다. 그러나 의학 생도의 실제 정원은 본

내의 목적인 의학 교육보다는 의과 합격이라는 현실적 필요로 운영되었다. 의학 생도는 일종의 의관 양성 사관학교 개념이었다.

전의감과 혜민서 생도는 중앙 의료 관청 소속의 의학 생도라는 같은 신분이었다. 그러나 소속 관청의 지위에 따라 현실적인 지위는 달랐다.

이를 잘 알 수 있는 사례가 1882년(고종 19) 혜민서가 없어지게 되어 전의감에 통합될 때였다. 통합 때 기존의 혜민서 생도는 전의감 생도가 되지 못하였다.

또 혜민서에서 처음 벼슬길에 나아간 이는 대개 종6품으로 퇴직하였는데, 6품직이 혜민서에서 승진이 가능한 가장 높은 자리였기 때문이다. 이와 달리 전의감에서는 의과에 급제하면 종4품 첨정僉正, 정3품 정正까지 승진할 수 있었다.

또한 혜민서 의관은 의과에 급제하더라도 전의감으로 소속을 바꾸지 못했다. 둘 다 의료 관청이지만 두 관청 사이의 인적 교류는 거의 일어나지 않았다. 전의감이 혜민서에 비하여 소위 끗발이 좋은 관청이었다.

그래서 때로는 혜민서 관원 출신이 전의감 생도로서 다시 시작하는 일도 벌어졌다. 이는 본인의 경력뿐 아니라 자신의 후손을 위해서도 중요한 선택이었다. 『전함생도안』에 수록된 최연소 입속자는 6세였고 최고령 입속자는 59세였다. 의대에 입학하는 만학도가 오늘날의 모습만은 아니었다. 환갑의 최고령이었던 정지수鄭智秀는 전의감 생도 소속 이전에 혜민서 의원을 지낸 이였다. 환갑이 된 의관 출신이 다시 생도로 시작할 만큼 전의감과 혜민서의 현실적 지위 차이는 컸다.

　의료 관청에서 생도의 교육을 맡은 관직은 교수와 훈도訓導였다. 교수와 훈도는 가르친다는 의미로 교회教誨직이라고도 불렀다. 혜민서 교회직은 임기 30개월을 보장하면서 시험 등에서 성적이 높은 이로 임명하였다. 교회직은 관직을 거치고 나면 승진이 보장되는 특례가 있었다. 또 공로가 없으면 취재가 금지된 다른 녹관(녹봉을 받는 관원)과 달리, 공로에 상관없이 취재에 응시할 수 있었다. 선생에 대한 특별한 대우는 교육의 질을 높일 수 있는 기본 정책이었다.

　전임으로 일하는 교수 외에 비전임도 있었으니 바로 겸교수兼教授였다. 말 그대로 다른 직임을 가지면서 교수관을 겸직하는 것이다. 오늘날 대학의 겸임교수라 할 수 있는데, 지금에야 현장 업무를 하는 산업체 종사자 중에서 겸직하지만, 조선에서는 개념이 달랐다.

　겸교수는 조선 전기 기술직 관원과 생도를 교육하려는 목적으로 문신文臣 중에서 택하여 임명하였다. 『경국대전』을 보면 혜민서에만 겸교수 정원을 정해두었다. 의학적 소양을 갖춘 유의儒醫의 겸교수 임명은 의학교육을 강화하고 의술을 향상하는 방안으로 15세기 전반부터 시도되었다. 전의감 겸교수는 『경국대전』에는 규정이 없지만 15세기 전반에 설치되었고, 혜민서 겸교수는 15세기 후반에야 설치되었다. 16세기 들어 두 관청의 겸교수는 자리가 없어졌는데, 이는 의학에 대한 지배층의 인식 변화에 기인한 바가 크다. 조선 전기에는 유학적 소양을 갖춘 이로 국가 운영의 모든 인력을 구성해 보고자 하는 통유론通儒論이 있었으나, 그 한계를 인식하면서 조선 후기 이러한 담론은 포기되었다. 통유론이란 유학적 소양을 갖춘 이가 정치도 하고, 의사도 하고, 통역관도 하겠다는 발상이다. 국가 직역의 중심에 유학이 놓여 있었다. 의료 인력의 주요 근간은 조선 후기 들어 점차 유의에서 전업 의사, 즉 업의業醫로 바뀌어 갔다. 조선 전기 유의는 의학적 소양을 갖추었음에도 이를 생계 수단으로 삼지 않았고, 유교적 이상과 덕목을 실현하고자 했다. 조선 후기 업의 중에서는 몰락 양반 출신도 더러 있었고 유학적 소양을 갖추었지만, 의술을 생업으로 삼았다는 점에서 조선 전기 유의와는 차이가 있다.

 교수는 총민聰敏의 교육을 맡았다. 총민은 '연소총민年少聰敏'을 줄인 말로 '나이 어리고 총명하고 민첩하다'는 정도의 뜻이다. 총민은 생도뿐 아니라 전 현직 관원 중에서도 적합한 이를 함께 불렀다.

생도는 교재를 공부하고 평가하는 시험인 생도고강生徒考講이 있었다. 생도고강은 매년 두 분기로 나누어 실시했으며, 분기별로 우등생에게는 문방구를 상으로 주고, 성취가 부족한 이는 벌로 종이를 내게 하거나 생도 명부에서 제적시켰다. 생도고강의 과목은 당시 시행되는 의과 과목을 주로 따랐다. 평가 방식은 정해진 의서의 원문을 암기하여 구술하거나 문장의 뜻을 시험관 앞에서 풀이 설명하는 방식이었다. 의료 계열 대학 학과에서는 현재에도 생도고강처럼 유급과 제적 제도를 운영한다.

중앙 의료 관청에서 생도와 함께 주요한 의관 양성 정책은 습독관 제도였다. 습독관은 의학뿐 아니라 훈련원이나 사역원 등 다른 분야의 관청에도 있었는데, 의료 관청의 습독관을 의서습독관이라 불렀다. 조선 세종 때에 제도가 시작되었는데, 처음에는 사대부 출신으로만 임명하고 성적이 우수할 경우 동반東班(문관의 반열) 직임에 제수하는 등 벼슬로서 보상하였다. 의서습독관은 『경국대전』에도 정원과 승진 등이 규정되었는데 내의원과 전의감에만 두었다. 그러나 의서습독관의 동반직 제수가 점차 어려워지면서 사대부 출신들의 의서습독관 유입을 유도할 수 없게 되었다.

그리하여 조선 후기에는 다른 의관직처럼 기술직 중인 출신으로 채워졌다. 전의감 규정집인 『전의감사례典醫監事例』를 보면 19세기

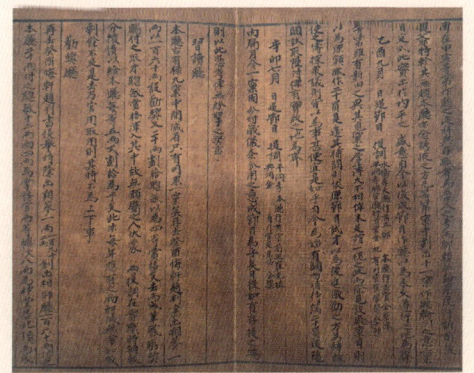

그림 3
『전의감사례』 본문, 허준박물관 소장

에도 전의감 습독관은 정원이 줄어든 채로 제도는 계속 유지되었다. 다만 사대부 출신의 임명은 없고, 기술직 중인 가계 출신이 다른 의관직같이 임명되는 자리였다. 의료 인력 양성이 유의에서 업의로 변화된 모습이 여기에서도 엿보인다.

조선시대 지방 의생은 외방의생外方醫生이라 불리었다. 조선 전기에 지방 행정의 중심이 되는 계수관界首官마다 의원醫院을 두고 양반의 자제를 뽑아 생도로서 교육하게 하였다.

외방의생은 부, 대도호부, 목 등 고을 크기에 따라 달리 정원을 두었다. 의생 정원은 『경국대전』 시기에 부 16명, 대도호부와 목 14명, 도호부 12명, 군 10명, 현 8명으로 확정되어 조선 후기까지 유지되었다. 조선 전기까지만 하더라도 외방의생은 중앙 의생의 중요한 통로였다.

그러나 중앙관청의 의생마저 사대부 출신들에 의해 기피되는 상황이었기에, 외방의생은 처음의 취지와 달리 양반의 자제들이 되고자 하지 않았다. 그리하여 조선 후기 외방의생은 점차 향리의 직역이 되었다.

이러한 지위 하락의 원인은 몇 가지가 있었다. 먼저 중앙 의생이 태안이씨나 천녕현씨와 같은 기술직 중인 가계들에 의하여 독점되면서 중앙 의생으로의 진출할 수 있는 통로가 막혔다. 완천제를 통하여 의료 관청 생도 입속을 실시하면서, 지방의 신규 가계들의 편입은 매우 어려웠다. 또한 지방 행정 정비와 맞물려 지방에서 임명하는 관직인 토관직土官職에 속한 의학 관직이 없어진 것도 이유였다.

향리로서의 의생은 향리가 맡는 다른 직역도 해야 하였기에 중앙처럼 특정한 계층을 형성하지 않았다. 의생을 맡은 향리가 법적인 판단을 하는 율생律生 같은 향리 역할도 맡았고, 의생 직임에 대한 특정 가계의 독점은 없었다. 예를 들어 조선 후기 전라도 나주 지역 향리 명부인 『각방장선생안各房掌先生案』과 『작청선생안作廳先生案』을 보면 호장, 육방, 색리 층이 확연히 구분되지 않는다. 이렇게 되면 업무의 연속성이 떨어지므로 질 하락은 필연적이었다.

외방의생의 교육은 심약審藥이 맡았다. 심약은 종9품의 낮은 자리였으나, 중앙 정부에서 직접 임명하여 지방으로 보내진 의학 관료였다. 그러나 심약은 감사가 머무는 감영이나 병마절도사가 머무는 병영에만 파견되었다. 심약은 도 단위에 2-3명에 불과하여 실제 의생에 대한 교육은 중앙 정부에서처럼 계통적으로 이루어지지 못하였다. 더구나 심약은 의생 교육보다는 약재 진상이 더욱 중요한 업무였다. 관직명인 '심약'이라는 말 자체가 진상하는 약을 살핀다는 뜻이다.

생도와 습독관 외에 중앙 의료 관청에서 길러지는 인력이 있었으니 의녀醫女였다. 의녀는 여성을 간병하고 내의원 및 여러 상급 관청에서 쓰는 약을 의원의 지시대로 조제하는 역할을 하였다. 전라·충청·경상의 삼남三南과 강원도 지역의 관노비 중에서 나이 어리고 합당한 이를 뽑아 올리면 혜민서에서 교육했는데, 이 중에서 실력이 좋은 이는 내의원에 보내 내의녀內醫女가 되게 하였다. 내의녀는 강의녀講醫女와 차비대령의녀差備待令醫女로 구분되었고, 강의녀는 내의를 각각 한 명씩 붙여 교육을 하였다. 차비대령의녀는 왕실 진료에 참여하는 의사로서 내의원 의관으로 비교하자면 어의에 해당하고, 강의녀는 고강 대상이 되는 의녀로서 내의원 의관으로 비교하자면 일반 내의라 하겠다.

유학을 통치 이념으로 삼은 조선에서는 사대부가에서 남녀의 신체 접촉을 엄격하게 구분하였다. 따라서 의학 관료들이 남성인 현실에서 신분이 높은 여성 환자의 진료를 위해서는 반드시 여성 의료인인 의녀가 필요하였다. 의녀가 여성 환자를 볼 때에는 단순히 간병하는 역할에 그치지 않고 침을 놓고 맥을 짚는 행위도 하였다.

의녀는 중앙관청에서는 비록 제한적인 역할을 하였으나, 민간의 사적 의료에서는 독자적인 진료 행위를 하는 사례를 찾을 수 있다. 이는 동아시아 문화권에서 전통 시대에 여성 의료인이 제도화된 희귀한 사례이다. 고려시대에 의녀가 필요하지는 않았을 것이다. 의녀 제도는 남녀의 신체 접촉을 금지하면서 생긴 것이었다. 성리학 이념이 통치 계급의 이념이 되면서 생긴 부산물이었다.

## 고시와 경력직 채용, 의과와 취재

의과는 그 난이도가 고시 수준이었다. 의과는 역과나 천문과 같은 잡과로 분류되는 과거시험이다. 의과는 다른 과거들처럼 3년마다 한 번씩 주기적으로 실시되는 식년시와 나라에 경사가 있을 적에 비정기적으로 실시되는 증광시가 있었다. 이전 해 가을에 예비시험인 초시를 보고 해당하는 해 봄에 본시험인 복시를 보았는데, 초시에서는 18명을, 복시에서는 그중에서 절반인 9명을 뽑아 최종 합격자로 하였다.

식년시와 증광시의 합격자 수는 같은데, 국가의 경사가 겹친 해에 실시되는 대증광시에서는 초시에 4명, 복시에 2명을 추가로 선발하였다. 선발 정원은 19세기 후반 이전에는 비교적 잘 지켜졌다. 초시를 보는 해에 조정에 일이 있으면 시험이 한 해 미루어졌고, 복시도 그렇게 하였다.

의과 시험 합격자만을 국가 공인된 의사 인력으로 규정하기에는 합격자 수가 매우 적다. 그런데 문제는 의과가 의학 관료가 되기 위한 시험이었고, 중앙의 의료 관직은 한정된 자리였다는 점이다. 의과 외에도 취재 등을 통하여 하급 관원들을 보충하였고, 그렇기에 기존 의과 합격자들은 관리로서의 녹봉 외에 근무 시간 외의 왕진과 같은 다른 생계 수단을 구해야 했다. 이에 대해서는 다른 장에서 더 이야기하고자 한다.

의과 시험은 예조가 관장하는 일로 전의감이 주무 관청이었다. 주요 의학서와 국가 법전을 교과목으로 삼아 수험자를 평가하였다. 국가법전이 필수 과목인 것은 오늘날 의료인 면허 시험에 보건의약 관계법규가 필수인 것과 유사하다. 의학서와 국가법전의 경우, 시기에 따라 약간의 변화가 있었다. 예를 들어 국가법전만 하더라도 『경국대전』에서는 『경국대전』이었으나, 『전의감사례』를 보면 『대전통편』이 시험과목이었다. 중앙에서 쓰는 법전이 바뀌면 이와 연동되어 시험 교과목의 내용도 바뀌었다.

[강서] 『찬도맥』과 『동인경』은 외우고, 『직지방直指方』·『득효방得效方』·『부인대전婦人大全』·『창진집瘡疹集』·『태산집요胎産集要』·『구급방救急方』·『화제방和劑方』·「지남총론指南總論」은 외운다.] 『본초本草』와 『경국대전』은 책을 보고 풀이한다.

[속대전] 『찬도방론맥결집성纂圖方論脈訣集成』과 『동인경銅人經』[돌아앉아서 암송한다.] 『직지방』·『본초』·『경국대전』[책을 보고 풀이한다.][『경국대전』에 보인다.] 『소문素問』·『의학정전醫學正傳』·『동원십서東垣十書』이다. [이상은 모두 추가된

**그림 4**
『찬도방론맥결집성』(좌)과 『동인경』(우) 본문, 서울대학교 규장각한국학연구원 소장

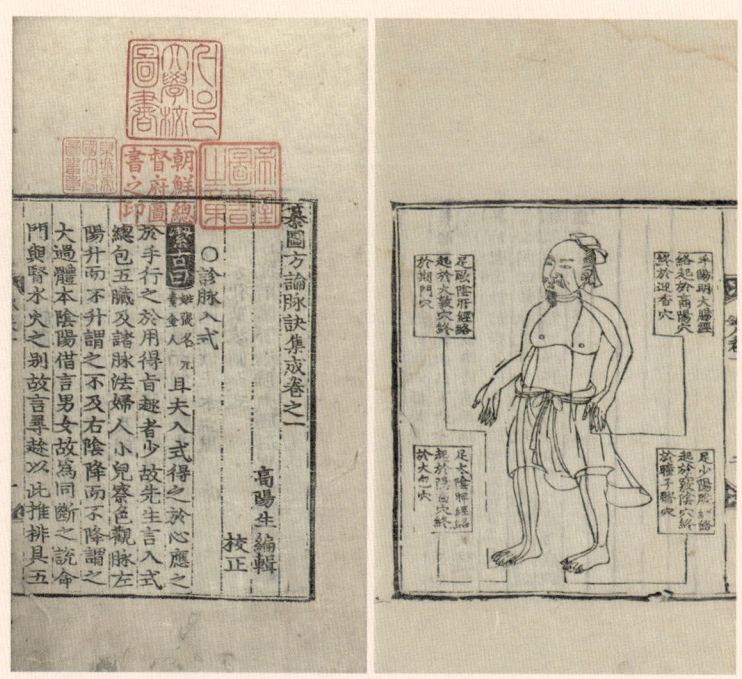

책이다. 책을 보고 풀이한다. 나머지 책은 지금 폐지하였다.]

[보충] 『의학입문醫學入門』[새로 추가되었다. 돌아앉아서 암송한다.]

— 『대전회통大典會通』 제과諸科

1. 의학 관료가 되려면?

의과 시험 방식은 암송과 자구 풀이로서, 이해보다는 암기 방식이 강조되던 공부 방식이었다. 다른 의서들은 책을 보고 풀이하는 식인데, 『찬도방론맥결집성』과 『동인경』만은 외우는 것을 보면, 맥진을 바탕으로 한 진단학과 경혈침구학이 중시되었다.

그런데 임상 술기에 대한 실기 시험은 없었다. 의술은 본질상 지식의 암기만으로 갖출 수 있는 것이 아니다. 이러기에 하급 관리들은 취재라는 방식으로 임상 경험이 있는 이들 이른바 경력직을 뽑을 수밖에 없었다.

의과 합격은 고위직 의학 관료가 되고 싶은 이들에겐 필수적인 전제 조건 또는 자격이었다.

의과에서 장원을 하면 종8품, 차석을 하면 정9품, 3등을 하면 종9품 관계官階에 임명하였다. 만약 기존에 품계를 가진 이가 급제하게 되면 한 품계를 더해주었다.

또한 조선 후기, 의과 합격은 전의감에서 주부主簿 이상의 자리에 임명되거나, 내의원의 내의가 되기 위해서는 필수 자격이었다. 전의감에서는 정3품 당하관인 정正까지 오를 수 있었고, 내의는 왕실 의료에 참여함으로써 당상관堂上官 이상의 고위 의관이 될 수 있는 통로가 되었다.

19세기 전반에 이병하李炳夏가 저술한 『해혹변의解惑辨疑』는 의과를 준비하는 이들을 위한 입문서로 의학 기초 용어를 풀이한 책인데, 의과가 중요했던 당시의 시대상을 반영한다.

취재取才는 의료 관청에서 하급 관리를 임용하기 위하여 실시했던 시험이었다. 녹봉을 주기 위한 시험이므로 녹시祿試라고도 불리었다. 취재는 한 해에 2번, 6월 15일과 12월 15일에 해당 관청에서 제조 주관으로 거행되었다. 이 취재를 통하여 내의원 등 삼의사에 속한 의학 관료의 직임을 올리거나 내려 임명하였다.

취재 시험을 볼 수 있는 이들은 해당 의료 관청의 전 현직 관원들, 종친부 등 관청의 의원들, 내국 월령의, 형조 월령의, 지방의 심약, 해당 관서의 의학 생도였다. 월령의月令醫란 용어는 해당하는 관청을 전담하는 의사를 말하는데 기간을 정해두고 돌아가면서 직임을 수행하기에 붙은 명칭이다.

녹시 결과가 나오면 그 순위에 따라서 관직을 내리고 올렸다. 연공서열이 없는 셈인데, 시험 성적만으로 어제의 과장과 대리가 오늘 서로 자리를 맞바꾸는 것이다. 물론 관품은 연공서열에 따르므로 직임이 높다고 관품이 꼭 높은 것은 아니었다.

혜민서 주부의 경우 1회의 취재로 임명되지는 않았고, 2번 수석을 하여야 임명되었다. 혜민서에서 주부는 가장 높은 직임이었다. 도예차都預差는 예비 관원으로서 그 위 순번의 자리에 문제가 생기면 바로 임명되었다. 6개월마다 있는 취재라 갑자기 취재를 시행할 수 없으므로 만약을 위하여 만들어진 자리였다. 그런데 어디까지나 예비의 자리이므로 위 순번의 자리에 결원이 생길지는 아무도 알 수 없는 노릇이었다.

점수를 많이 받은 이를 먼저 녹관에 붙인다.[직장直長 이하 여덟 자리를 차례대로 올려붙이는데 천장薦狀(추천장)에 대해 비답을 내리면 사은숙배하고 공무를 행한다.] 다음 순위자는 심약에 임명한다.[천장에 대해 비답을 내리면 사은숙배하고 하직하여 부임한다.] 다음 순위자는 양도 월령과 통영 구료관에 임명한다. 다음 순위자는 도예차에 임명한다. 다음 순위자는 내국·형조·사헌부 월령에 임명한다. 모두 천장 없이 다만 후보 명단을 올려 차출한다. ○한양과 지방의 월령의원은 6개월 근무한 경우 명단의 아래, 하루라도 병이 든 채 근무한 경우 위에 붙인다. 외사外司의 약방과 침의는 회시를 통과한 이를 아래에 붙이는데, 침의는 약방의 아래에 붙인다. ○모두 월령의이면서 점수가 동일하다면 녹직祿職의 고하로 올리고 내리는 예에 의거하여 먼저 사헌부, 다음으로 형조, 다음으로 내국, 다음으로 통영, 다

유으로 강화부, 다음으로 개성부에 붙이다.

—『혜국지』 취재

  양도목 취재를 통하여 관직을 올리고 내리는 것은 의업에 종사하는 이들에게 의학 공부를 권장하려는 목적이었다. 그러나 당사자의 실제 근무 업무 태도가 반영되지 않았고, 의업에 종사하는 이들의 신분을 불안정하게 하는 부작용도 있었다. 일정한 등수가 되지 못하여 관료가 되지 못하면 6개월 단위로 실업자가 될 수 있는 상황이었다. 이는 정조 때 전의감 내부에 등제청等第廳이 만들어지는 계기가 되었다.

  등제청은 이후에 만들어진 신등제청과 함께 전의감 전직 관료들이 취재에 의하지 않고도 계속 자리를 보장받을 수 있는 제도였다. 다만 등제청 소속은 자동으로 이루어지진 않았고, 평소의 고강 점수 등을 통해 이루어졌다. 일단 소속이 된 인원은 등제청에 속한 자리를 임명하기 위한 인력 풀로 활용되었다. 일회성 시험인 취재에 비하여 여러 차례 이루어지는 고강 점수에 의한 것은 나름 합리적일 수도 있겠다.

  갑인년(1794, 정조 18) 11월 27일, 대신과 비국당상을 왕이 불러서 입시했을 때, 혜민서 제조 이[재학]와 전의감 제조 심[환지]이 계를 올리기를 "양의사兩醫司[전의감과 혜민서] 관원과 생도 무리는 솔속은 많고 빈궁한데, 의지할 바가 없으니, 평생 우러러 크게 바라는 것이 다만 이 심약이라는 하나의 길뿐입니다. 그런데 시취의 법이 그 점수의 많고 적음에 따라 먼저 녹관에 붙이고, 다음으로 심약에 붙이니, 오로지 한 때 일의 요행과 불행으로 되고, 술업의 정밀함과 조잡함은 관련되지 않습니다. 그러므로 혹 노련하여도 평생토록 벼슬에 임명되지 못하기도 하고, 또 신입이어도 연달아 우연히 들어맞기도 하니, 이미 균평한 정사가 아니고, 또한 근면을 장려하는 뜻도 없습니다. 무리들이 모두 원하는 것은 사역원의 등제례에 따라 의과 입격자 및 거듭 (의관을) 경험한 녹관을 한결같게 차례에 따라 정간井間에 기록하고, 궐원에 따라 돌려가면서 임명한다면, 요행의 길을 끊고, 가히 이익을 골고루 하는 은택을 입힘입니다. 의사들이 각자 일정한 생업이 있어서, 술업[의업]을 또한 책임지고 이루어지게 함입니다. 여러 사람의 의견이 이러하고, 일의 이치 또한 그러합니다. 지금 이후 녹관이라면 시취의 예에 따르고, 심약이라면 장기 근무한 차례 순서에 따나 돌려가면서 임명함을 절목으로 정식 삼음이 어떠합니까."라고 하였다. 임금이 말하기를 그대로 하라.

—『전의감사례』 등제청

추천은 의과와 취재 외에 의학 관료가 임명되는 방식이었다. 추천되는 관직 자리는 시기에 따라 다소 차이가 있었다.

위에서 나온 등제청에 배속된 자리도 시험만의 결과가 아니라는 점에서 일종의 추천이다. 전의감에 있던 치종청治腫廳에는 자벽自辟 자리가 별도로 있었는데, 제조가 마음대로 임명할 수 있는 자리였다. 그런데 이 낙하산 인사인 자벽이 받은 녹봉은 종7품 직장과 같았다. 기관장 뒷배는 예전이나 지금이나 굵은 동아줄이다.

중앙의 주요 군부대에는 침의와 약방이 임명되었는데, 이들도 대개 추천으로 임명되었고, 의학 관청을 제외한 도총부 등의 관청 약방도 추천으로 임명되었다.

내의원의 내의 입속과 어의御醫 임명은 온전하게 추천에 의하였다. 내의원의 내의는 일종의 행정직으로 왕실 진료에 직접 참여하는 어의와는 차이가 있었다.

추천자는 추천하는 자리에 따라 달랐다. 내의원의 경우, 소속된 내의원에 의해 이루어졌고, 일반 약방과 침의는 전의감과 혜민서에 의해 교대로 이루어졌는데 해당 관청의 제조가 추천하는 형식으로 이루어졌다. 사신을 수행하는 사행 의원의 경우도, 추천으로 임명되었다. 심약은 한때는 약재 진상의 공적으로 상급처럼 주어지기도 하였으나 점차 취재에 의한 방식으로 변화되었다. 그러나 등제청이 생기면서 추천에 의한 자리와 취재에 의한 자리가 구분되었다. 이 밖에 양의사 전직 관원 중에서 임명되는 임시직인 사리들도 대부분 추천으로 임명되었다.

  추천에 의한 방식이 시험에 의한 방식보다 공정성 면에서 부족할 수 있으나, 실제 업무 능력에 있어서는 검증된 경력직이 시험 성적이 높은 신입보다 뛰어날 수 있다. 조선의 의학 관료 임용은 하급직에 있어서는 경력직을 선호하고, 선호도가 많은 자리에 있어서는 시험으로 뽑는 방식을 활용하였다.

## 왕실 주치의 어의가 되는 길

'허준'과 '마의' 같은 사극 드라마를 보면 빨간색, 파란색 관복 위에 흰색 앞치마를 두른 어의들이 분주하게 돌아다닌다. 2022년 개봉했던 영화 '올빼미'는 나름 역사적 고증에 신경을 썼는데 내의원 의관들은 모두 중인들이 쓰는 챙이 좁은 갓을 쓰고 등장한다. 그런데 의관이면 모두 중인이었을까.

어의는 왕실 주치의, 내의원은 어의가 일하는 직장. 어의와 내의원이라는 용어는 흔하게 쓰이기에 일반인들도 흔하게 접하고 그 의미를 안다고 생각한다.

어의의 정확한 뜻은 무엇일까. 어의는 내의가 당상관堂上官이 되는 경우나, 모든 의약동참의 내지 내침의를 말하였다. 후자의 경우 당상관이 아닌 이하의 품계도 어의라 불리었다. 즉 어의는 왕실 진료에 종사하는 내의원 소속 모든 의관을 지칭하는 용어이다. 당상관은 관품이 정3품 상계 통정대부通政大夫 이상의 고위 관료였다. 당상관은 관복이나 가마 등에서 다른 관료들과 구분되는 대섭을 받았고, 퇴직 이후에도 조정의 의례에 참여할 수 있는 권리가 있었다.

내의원은 어약御藥을 조제하는 일을 담당하는 의료 관청이었다. 내의원 내에는 정3품 정正부터 종9품 참봉까지 12명의 내의가 있었다. 이들은 내의원 관련된 행정 실무 업무나 어의들의 진료 보조 역할을 하였다. 내의원도 다른 의료 관청처럼 6월과 12월에 정사를 시행하여 벼슬을 올리거나 내렸다.

내의원內醫院 정正은 내의원의 실무 부서 행정 책임자였다. 그러나 내의보다 상급의 의학 관료가 존재했고 이들이 바로 어의였다. 드라마에서 내의원 정이 내의원의 우두머리 의사처럼 보이는데 실제와는 다르다. 내의원 정의 역할은 대학교의 학과장 같다고나 할까. 행정 일을 도맡아 하지만 학과 내에는 전임 학과장들과 본부 보직을 지낸 선임 교수님들이 즐비하다.

조선 후기의 내의원은 내의·의약동참의·내침의로 구성되었다. 구성원별로 출신 배경이 달랐다. 내의는 의과 출신의 의학 관료로 결원이 생기면 제조의 추천으로 임명하였다. 의약동참의와 내침의의 출신 배경은 섞여 있다. 의과 출신도 있었고, 의과 출신은 아니나 전의감 등에서 근무한 이도 있었고, 때로는 의학 관청에서 근무한 적이 없는 유의 출신이거나 민간의 의사 출신도 있었다. 다만 모두 의술 실력이 검증된 이들로 제조의 추천을 받았다.

어의는 정원이 별도로 없었고, 내의 중에서 품계가 높아져 당상관이 되거나, 동반직으로 벼슬을 받았다가 그만두면 어의로 따로 분류되었다. 조선 후기 들어서 왕실 진료에서 공을 세워 그 보답으도 한양 근교인 경기의 수령으로 임명된 사례들이 다수 나왔다.

내의가 당상관 바로 밑인 정3품 하계의 품계인 통훈대부通訓大夫나 어모장군禦侮將軍이 되면 겸차로 가차어의加差御醫로 임명되었다. 겸어의兼御醫 또는 겸차어의兼差御醫로도 부른다. 물론 품계가 더 높아지면 정식 어의로 임명되었다. 쉽게 보면 예비 어의라 할 수 있다. 가차어의는 원래 기준으로는 어의의 자격이 아닌 이들까지 어의의 범주에 넣어서, 내의 출신 어의의 인력 풀을 확대하는 역할을 하였다.

그런데 19세기 후반에 가면 당하관인 가차어의는 아무 때나 임명하는 것은 아니고, 당상관 어의가 7명이 넘지 않는 경우로 한정되었다. 당하겸어의의 경우 어의 역할을 하지만 내의의 정원에 포함되었다. 즉 당하겸어의와 일반 내의를 합치면 12명이 유지되었다. 이는 관청의 예산 문제와 관련된다.

내의가 되면 시간이 흐르면서 품계가 올라가 자연스럽게 어의로 올라갈 수 있었다. 그런데 12명의 내의는 모두 의과 출신으로만 임명되었다. 어의 구성을 보면 의약동참의와 내침의가 있지만 내의 출신의 어의는 품계도 당상관 이상으로 의약동참의와 내침의에 비하여 더 높고, 따라서 내의청의 수의首醫는 '우두머리 의사'라는 뜻으로 전체 어의를 대표하였다. 조선 후기 경기도 지방관에 임명된 사례를 보면 내의 출신 어의가 의약동참의와 내침의에 비하여 많이 파견되었다. 단순히 내의청이 의약동참청이나 침의청에 비하여 상위 관청이라는 명예 외에도 실질적으로 국왕에게서 은전恩典을 받을 기회가 많았다.

한번 내의가 되었더라도 이러저러한 이유로 일을 그만둘 수 있었다. 다만 군수나 찰방 등의 외부 관직을 맡았다가 그만둔 경우, 부모의 상으로 그만두었다가 탈상이 끝난 뒤에는 바로 복직을 허락하였다. 어의는 관청 내에 정원이 없으므로 중앙군인 오위五衛의 군직軍職에 임명하였지만, 내의는 정원이 정해져 있었기에 자리가 비는 대로 이전의 직임으로 재임명하였다. 이러한 경우 별도의 추천 절차 없이 내의원의 문서로서 임명되었다. 기복은 부모의 상으로 그만두었던 의관에 대하여 탈상하지 않았는데 임금의 명으로 다시 복직하는 것을 말한다. 실력이 좋은 의사는 한정된 인력 자원이었기에 기복하라는 왕명이 있기 마련이었다.

업무적 잘못에 의한 자리 상실이 아니라면 내의원 소속 의관은 신분이 보장되었다. 여기서도 다른 기술직 관원들과 차이가 있는데, 다른 기술직 관원은 대개 다시 취재 등을 거쳐야 근무할 수 있었다. 의료직은 왕실의 안위와 직결된 문제라 다른 기술직과 비교해 보아도 특별 대우였다. 의료 관청인 전의감과 혜민서의 경우도 취재에서 노예자를 별도로 임명하여, 녹관이나 신약 등에 결원이 생기면 그를 바로 임명할 수 있게 하였다. 즉 내의원의 환속 규정은 의료 관청 내에서도 특수하다. 이는 왕실의료 담당이라는 업무의 특수성 때문이었다.

  18세기 후반 이후로 국가법전에 정해진 내의의 정원에 초과하여 임명된 가차내의加差內醫라는 직임이 새로 생겨났다. 처음 가차내의는 기존에 내의였던 이가 재임명될 때 정원 자리가 없어 임명되지 못하는 경우에만 임명되었다. 그러다 정식으로 자리가 나면 내의가 되었다. 그러나 가차내의는 19세기 동안 거의 상설화되었고, 이는 내의의 정원을 확대하는 효과를 가져왔다.

  그렇다면 처음 내의원에 들어가는 자격은 무엇일까. 『육전조례』에 "내의원 삼청三廳은 세의世醫의 자손이어야 한다."라는 내용이 있다. 여기서 삼청은 내의·의약동참의·내침의를 말한다. 세의의 자손이라는 말은 단순하게 집안 대대로 의사였다는 말이 아니라 직계 선조에 어의가 있다는 것이다. 실제 『승정원일기』를 보면 그러한 사례가 다수 기록되어 있다. 새롭게 어의를 추천하면서 어의였던 아무개와의 관계가 어떠하니까 추천한다는 식의 내용이다.

내의원 관원, 도제조와 제조가 아뢰었던 수의 김이형金履亨의 아들 수검守儉을 내의원에 입속시키라 명하셨습니다. 의약동참의에 임명하려고 해당하는 조曹로 하여금 군직에 붙여 근무시키고자 하는데 어떻습니까? 허락한다고 전교하다.
— 『승정원일기』 1,334책(탈초본 74책) 영조 49년(1773) 1월 15일

내의원의 임명 방식은 다른 기술직 관원과는 차이가 있었다. 다른 기술직 관청의 소속은 취재 내지 과거의 합격이면 되는 반면, 내의원은 마지막에 왕의 허락을 받아야 했다. 내의원은 왕족의 몸에 직접적으로 위해를 가할 수 있는 직임이므로 별도로 국왕의 신임 절차가 필요하였다.

의약동참의와 내침의의 정원은 각 12명이었다. 내의의 정원과 그 수가 같다. 의약동참의와 내침의도 처음에는 어의청의 어의처럼 정원이 없다가 점차 정원이 명문화되었다. 이는 고질적인 관청의 경비 문제 때문이었다. 내침의는 1669년(현종 10) 이전에 10명 이하라는 규정이 생겼고, 의약동참의는 1703년(숙종 29) 이전에 10명 이하라는 규정이 생겼다. 1730년(영조 6)에 12명으로 확대되어 이후 유지되다가 1864년(고종 1)에 이르러 내의원의 경비 문제로 삼청의 어의 정원은 다시 축소되었다. 의약동참의와 내의는 내의 출

신 어의처럼 당상관 이상이어야 한다는 제한 규정이 없으므로, 정원 규정이 없다면 지나치게 수가 많아질 여지가 있었다.

17세기에 침의청과 의약동참청이 처음 만들어졌고, 이는 내의가 의과 출신자로만 구성되는 상황에서 뛰어난 의술을 가진 자들을 왕실 의료에 참여시키고자 함이었다. 조선 전기에는 내의원 의관도 의과 출신자가 아니어도 추천으로 가능했고, 유의도 의서습독관 등을 통하여 의학 관료가 될 수 있었다. 그러다 조선 중기부터 점차 의과를 통한 의학 관료가 대개 서얼로부터 시작된 중인 기술직 가계들에 의해 독점화되기 시작하였다.

의약동참의와 내침의는 입속 과정의 특성상 특정 가계가 독차지하기 어려웠다. 의약동참의와 내침의 출신 중에는 사대부 적자 출신들도 있었다.

예를 들어 인조 때 번침술로 유명한 내침의 이형익李馨益은 세종의 아들 임영대군의 후손으로 복창부령 이숙李琡의 증손자이며, 아들은 군수와 내금위장을 지냈다. 2022년 개봉했던 영화 '올빼미'에서 이형익(최무성 분)은 사족 출신인데도 중인 복장으로 잘못 고증되기도 하였다. 이형익은 사족이므로 영화의 묘사처럼 챙이 짧은 갓을 썼을 리가 없다. 조선시대 의학 관료라면 단순하게 중인 계급으로만 보는 세간의 오류를 그대로 따른 것이다. 인조가 당시 세간의 비판에도 이형익을 신임하였던 이유는 그가 종실 출신이라는 점도 영향을 미쳤을 것이다. 왕실 주치의는 국왕 일가의 절대적인 신임을 필요로 하는 자리였다. 정조·순조 때의 의약동참의 홍욱호洪旭浩는 의약동참의 출신 중에 가장 영달한 인물이었다. 그는 조부가 공조판서였고 아버지도 현감을 지낸 가계의 적자로 태어나, 본인도 나중에 실직實職으로 호조참판과 오위도총관을 지냈다. 조선 후기 홍역 관련된 필사본 중에는 '홍참판방'이라 불리는 홍욱호의 처방이 기록되기도 하였다.

　조선 중기, 서얼이 잡과 시험을 볼 수 있게 한 이후로 서얼 후손들이 기술직으로 대거 진출하기 시작하였다. 조선 후기 들어서는 이전 시기에 진출했던 가계들이 완천제와 서로 간의 결혼을 통하여 의학 관료가 되는 길을 독점하였다. 따라서 새로운 서얼 가계들이 들어올 틈이 별로 없었다. 이런 면에서 의약동참의와 내침의 제도는 의관직을 독점한 집안이 아니더라도 실력으로 동반직이 될 수 있는 도구였다. 특히 특정 질환 치료에 유능할 경우, 그를 대체할 수 있는 이가 없으므로 국왕의 은전을 수혜받기 좋았다. 예를 들어 숙종 때의 의약동참의 류상柳瑺은 두창 전문의로 명성을 떨쳤는데 사대부가 서얼 출신이었다. 그의 의약동참의 출사는 이후 5대에 걸쳐 후손이 의약동참의가 되는 계기가 되었다.

또한 같은 기술식 중인 가게라도 한미한 집안 출신은 의약동참의와 내침의 제도를 통하여 어의가 될 수 있었다. 세의 출신이 아니면 내의원에 추천되기 어려웠으므로, 이 방법은 집안을 내의원에 속한 가계로 등급을 올리는 중요한 수단이었다.

내침의와 의약동참의는 소속되는 절차가 비슷했지만, 침구를 쓰는 침의와 약을 쓰는 약의라는 차이 때문에 사회적 지위를 보면 다소 차이가 있었다. 사대부 출신의 내침의는 17세기 후반 이후에는 거의 없다. 내침의의 지위 하락에 따라 사족 출신의 입속도 줄어드는 반면, 상대적으로 동참의의 지위는 높게 유지되었다. 이러한 모습은 1651년(효종 2)의 침의청, 1673년(현종 14)의 의약동참청이 만들어진 시기와 연관된다. 의약동참의 제도가 있기 전에는 사족 출신도 침의로 진출했지만, 의약동참의 제도가 생긴 뒤로는 침의로 거의 진출하지 않았다. 왕실 진료에 종사하는 같은 어의지만 의약동참의가 내침의에 비하여 더 사회적 지위가 높았기 때문이다.

의약동참의 제도의 정착은 국가법전에 규정된 의서습독관 제도를 대체하기에 이르렀으며, 실제 조선 후기 의서습독관은 사족 출신은 없고 대개 기술직 중인 가계 출신들로만 채워졌다. 조선 전기에 습독관이 만들어진 원래의 목적과는 다르게 의학 관청의 다른 의관 직임처럼 활용되었다.

**그림 5**
1741년(영조 41) 내의원 제작 침구동인, 국립고궁박물관 소장

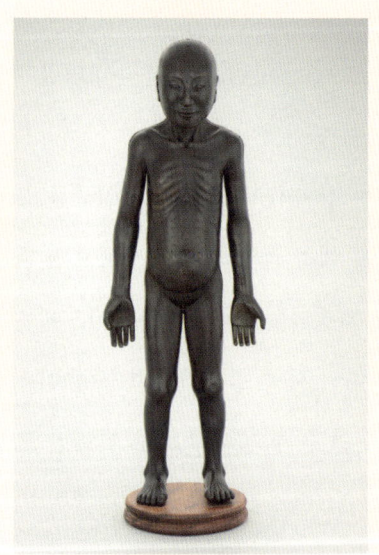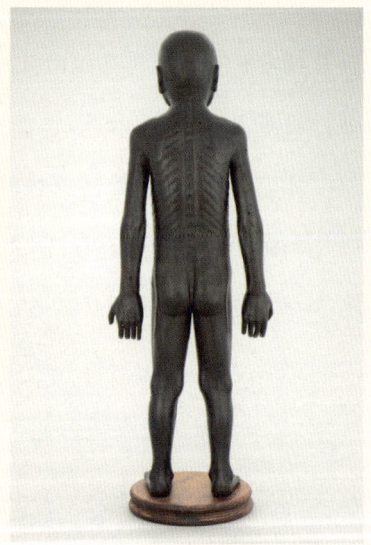

　조선 후기 의학 관료가 되는 엘리트 코스는 다음과 같다. 먼저 기술직 중인 가계에 태어나 먼저 10대에 전의감 생도로 완천을 통하여 소속된다. 생도 교육은 의과의 시험 과목 위주로 이루어졌으므로 어린 나이에 생도가 된다는 것은 의과 합격률을 높이는 일이었다. 다음으로 의과에 급제하고 나서 주부 이상의 직임을 거친다. 이후 실력을 인정받아 추천으로 내의원에 소속된다. 마지막으로 품계를 올려서 당상관 이상이 되어 어의가 된다.

그런데 기술지 중인 가계 출신이 아니라면 처음 전의감 생도가 되는 첫걸음부터 어려웠다. 또한 세의 출신이 아니라 내의원에 추천되기도 쉽지 않았다. 그러한 경우 의약동참의와 내침의 제도는 세의 출신이 아닌 이들이 어의가 되는 길이었다. 의술 실력이 좋은 인재들은 이러한 방식으로 내의원에 진출할 수 있었다. 운이 더 좋으면 새로운 세의 가문을 만들 수 있었다.

2

의학 관료는
어떻게 살았을까?

## 조선 의관의 로망, 내의원

내의원은 조선시대 의관이라면 꿈의 직장이었다. 신분에 관계없이 출셋길이 보장되고, 여러 혜택이 있었다. 이제 내의원의 실제 모습을 들여다보자.

조선시대 왕실 진료는 세종 때 전의감에서 내의원이 독립한 이래로 내의원이 맡았다. 내의원은 국왕과 세자 등의 진료를 담당하였기에 긴급한 진료가 필요한 경우를 대비하여 궁궐 내에 위치하였다. 전란이나 화재 등의 이유로 국왕의 처소가 바뀌면 내의원의 위치도 바뀌었다. 그래서 문헌에 나타난 내의원의 위치도 시기에 따라 다르다. 내의원 관청지『내의원식례』를 보면 내의원은 창덕궁 홍문관 동쪽에 하나, 경희궁 숭정문 남쪽에 하나가 있었다. 『내의원식례』보다 후대 문헌인『궁궐지宮闕志』를 보면 내의원은 경복궁에서 관상감의 남쪽에 하나, 창경궁에서는 명정전 북쪽에 하나 있었다. 내의원이 두 곳씩 있는 이유는 국왕의 처소가 정궁正宮과 이궁離宮으로 나눠졌기 때문이다. 정궁은 본궁을 말하며, 이궁은 본궁 밖에서 임시로 숙박 혹은 머무는 궁궐이다.

내의원의 부속 건물은 대청·사관방史官房·본청·침의청·의약동참청·장무소掌務所·서원방·의녀방 및 여러 창고로 구성되었다. 숙직하

**그림 6**
『내의원식례』 표지와 본문, 서울대학교 규장각한국학연구원 소장

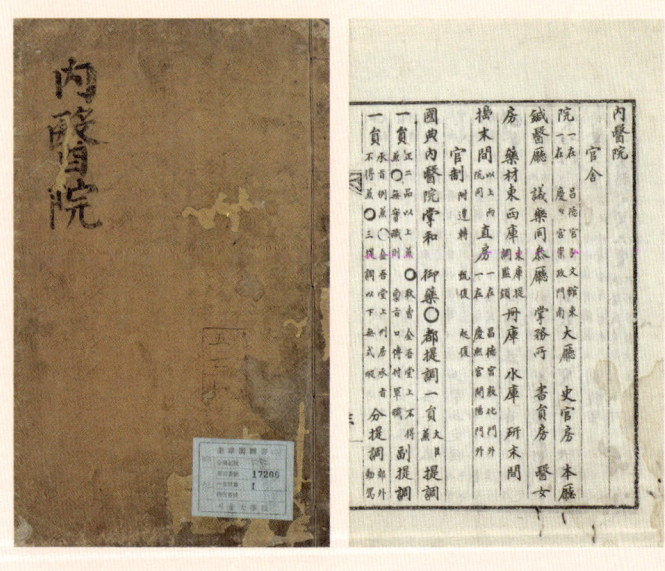

는 의관을 위한 직방直房은 창덕궁 돈화문 바깥에 하나, 경희궁 개양문 바깥에 하나 있었다. 궁궐은 야간에는 남성의 출입을 금하였으므로 직소는 궁궐 바깥에 있었고, 긴급한 사안이 생겼을 때만 입궐하였다.

문신이 겸직하는 도제조·제조·부제조가 있고, 행정업무는 정正 이하 12명의 내의가 있었다. 현재 남아있는 문헌으로는 이들 12명의 관직별 업무는 명확하게 알 수 없다. 이들 내의 외에 정원이 없

는 어의가 있있고 12명이 정원인 내침의외 외약동참의가 있었다.

내의는 원래의 관직 외에 맡은 바 업무에 의한 직책이 있었다. 예를 들어 여러 사무를 관장하는 장무관掌務官, 술 빚는 일을 담당하는 주방관酒房官, 약전藥田을 관리하는 종약관種藥官이 있었고, 모두 도목정사 시기인 6월과 12월에 바꾸었다.

내침의 중에서도 침감조관을 임명하여 침을 만들어 진상하게 하였는데 3년 간격으로 임명하였다. 의약동참의는 진료 외에 다른 행정업무는 없었다.

왕실 진료는 문안問安, 입시入侍, 설청說聽으로 크게 나눌 수 있다.

문안이란 정기적으로 국왕과 왕비 등을 방문하여 살피는 것으로 다양한 형식이 있었다. 계사문안啓辭問安은 제조가 모든 의관을 데리고 하는 것인데, 계사란 임금께 아뢰고 하는 것이다. 가장 기본 형태가 일차문안日次問安으로 닷새 간격으로 행해졌다. 만약 임금이 궐 밖에서 자거나 침구 치료를 받거나 하는 날에는 구전문안口傳問安을 하도록 하였는데 이는 한 사람의 제조만 시행하는 것으로 규모가 간소화되었다.

내의원의 입시란 내의원에서 용건을 가지고 국왕을 뵙는 일이었다. 문안이 치료의 이전 단계라면, 입시는 약 탕제를 올리거나 침구 치료를 받는 것이었다.

지탕제(탕제를 받듦)[장무관은 소반을 받들고, 하번의관下番醫官은 화로를 받든다. 세 제조 및 수의首醫가 따라 들어가 전의 계단에 이르면 수의가 소반을 받든 채 전에 올라 열쇠를 봉감한다. 도제조가 뒤에서 외쳐 고하기를 '자물쇠를 열어 은표(은으로 된 구기)에 붓습니다.'라고 하고, 남아 가라앉은 것까지 표주박에 붓는다. 내개 도제조가 약을 맛본 뒤에 받들어 협시夾侍(임금 곁에서 수족처럼 보좌하는 내시)에게 전하여 올린다.]

수침구(침구 치료를 받음)[내침의가 의논하여 혈명을 정한다. 금루관禁漏官(궁중의 물시계를 맡는 관리)이 시각을 아뢰면, 세 제조가 의관을 인솔하여 궁궐에 이르러 혈단자穴單子를 먼저 문서로 들인다. 의관 한 사람이 침구반鍼灸盤을 받들고 세 제조 및 수의, 내침의가 따라 들어간다. 침을 놓을 때는 수의가 혈단자를 받들어 외쳐 고하기를 '아무 혈에 침을 놓습니다.'라고 하며, 뜸을 뜰 때는 수의가 획지劃紙를 받들어 외쳐 고하기를 '아무 혈에 몇 장壯입니다.'라고 한다. 침구를 마치고 나서 생맥산生脈散(약 처방의 하나)을 달여서 들인다. ○왕비가 침구 치료를 받을 때에는 행수의녀가 거행하는데, 세 제조가 의관을 인솔하여 궁궐에 이르러 명령

을 기다린다. ○이상의 입시 때 각신閣臣(규장각 소속 관리)
이 함께 참여하도록 연석에서 아뢰어 정식으로 삼았다.]

— 『내의원식례』 입시

문안은 내의원의 주요 업무 중 하나로서 이를 태만하게 하면 벌을 받았다.

> "오늘 아침에 의관 정두준鄭斗俊이 차비문(궁궐 편전의 앞문)에 나아와서 문후하였다. 그러나 무릇 문후할 만한 일이 있으면 의관이 차비문에 나아와 기거를 묻는 것은 자기 직분 안의 일이니, 마땅히 경책警責(정신을 차리도록 꾸짖음)을 기다렸다가 그제야 행할 수는 없는 것이다. 어제 문후한 일도 없었는데, 엄한 비답을 받은 뒤에야 갑자기 행하였으니, 이는 제조가 이미 보호하는 도리에 어두웠고, 의관도 또한 마땅히 행해야 할 예를 잃어버린 것이 아니겠느냐? 일이 아이들의 장난과 같아서 무엇이라고 할 말이 없다. 정두준을 무겁게 추고하라." 하더니, 조금 있다가 또 하교하기를, "국가에서 내국을 설치하고 여러 의관을 둔 것이 어찌 헛되이 그렇게 한 것이겠느냐? (중략) 직책이 보호에 있는

자가 한갓 데면데면한 것만을 일삼아 입진하거나 약을 의논하는 범상한 일도 또한 비답을 받은 뒤에야 이를 행하니, 어떻게 이럴 수가 있는가?"

—『숙종실록』 권34, 숙종 26년(1700) 10월 26일 을유

설청은 내외원에서 의약 관련된 사안이 있어 별도의 기구를 만드는 것이다. 대표적인 일이 중궁이나 후궁의 출산과 왕실 인물의 질병 진료였다. 산실청產室廳은 중궁과 세자빈의 분만 예정일보다 석 달 앞서 두어서, 해산 후 일주일까지 유지되었다. 산실청 관련 문헌은 1875년(고종 12)에 정리된 산실청 규정집인 『산실청총규產室廳總規』가 남아있다. 호산청護產廳은 후궁의 해산하는 달에 설치되었고 산실청과 기능은 같았다. 산실청과 호산청은 일지를 기록하였는데, 현재는 『산실청일기』는 없고, 영조의 생모였던 숙빈최씨의 『호산청일기』 3종류와 영친왕의 생모였던 귀인엄씨의 『호산청일기』 등 4종류가 남아있다. 시약청侍藥廳은 국왕이나 대비가 질병이 있을 때 설치되던 곳이다. 의약청醫藥廳은 왕비·세자·세자빈이 질병이 있을 때 설치되던 곳으로 기능은 시약청과 같았다.

참고로 내의원 본청에서도 매일의 일지를 기록하였다. 이를 『내국일기內局日記』 또는 『태의원일기太醫院日記』라 하는데 19세기 중반

이후의 조선 후기 것이 일부 남아있다. 『승정원일기』에서 『내국일기』를 인용한 사례가 많은데, 현재 남아있지 않은 시기에도 계속하여 일지가 작성되었음을 알 수 있다.

내의원은 왕실 진료와 관련된 업무 외에도 왕실에서 정기적으로 사용되는 의약 관련 음식과 물품을 진상하는 역할을 하였다. 예를 들어 향료로서 사용되는 부용향芙蓉香과 의향衣香, 단옷날 의례적으로 먹는 제호탕醍醐湯과 옥추단玉樞丹, 동짓날 올리는 전약煎藥, 납일臘日(동지로부터 세 번째 미일未日)에 올리는 여러 납약臘藥 등이었다. 그런데 이들 진상품은 내의원에서 조제에 관여하기는 하지만 전의감과 혜민서 인력의 도움을 받았다. 내국 제약관은 두 의료 관청의 생도나 관원 중에서 임명되어 납약 등을 만들 때 무게를 다는 역할을 하였고, 혜민서의 의녀가 환을 빚었다. 내의원에서 만들었던 납약에 관한 처방집인 『언해납약증치방諺解臘藥症治方』(1636년)이 남아있는데, 여기에는 우황청심원이나 우황포룡환 등이 실려 있다. 납약은 환이나 원元의 형태로 평소에 상비약으로 두었다가 비상시에 활용하였다.

어의는 중국으로 가는 사신 일행으로 참여하기도 하였다. 국왕의 아들, 훈공이 있는 종친, 국왕의 사위인 부마의 사행에는 어의가 따라갔는데, 혹 그냥 종친과 정2품 이상의 벼슬아치가 가는 사행에도

### 그림 7
『언해납약증치방』 표지와 본문, 서울대학교 규장각한국학연구원 소장

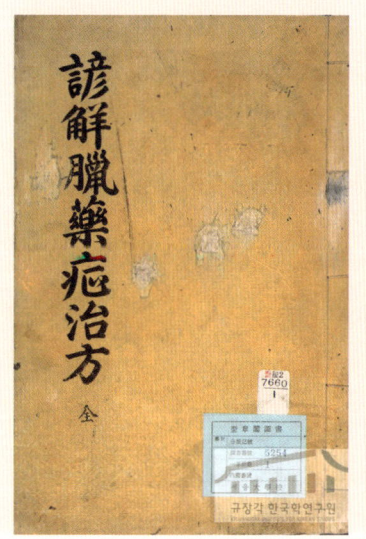

왕의 특별 교지를 받아 동행하기도 하였다.

내의원 의관들은 다른 의료 관청에 비하여 승진 등에서 많은 혜택을 받았다.

관례에 따른 승진은 다양한 방식이 있었다. 먼저 의약동참이나 내침의가 되면 30개월 후에 6품직으로 승진하였고, 삼청의 의관 가운데 근무 성적이 좋은 이는 도목정사 때 이조나 병조로 자리를 옮겨주었다. 당하의관이 상장무관上掌務官을 역임하면 바로 어의가 되

었다. 장무관은 2명으로 상장무관과 하장무관으로 나뉘는데, 내외원 일체의 사무를 담당하는 총무 같은 이였다. 이 외에도 내침의가 임명되는 침감조관은 침을 제조하여 진상하면 6품직으로 올렸고, 이미 6품직이면 품계에 맞는 벼슬로 바꾸어 임명하였다.

또한 원종공신原從功臣 녹훈의 규례를 보면 공신회맹제 때 왕을 시위한 의관도 녹훈되었는데, 이들 시위의관은 바로 어의들이었다. 원종공신은 공신에 딸린 부수적인 녹훈이기는 하지만, 원종공신이 되면 본인은 품계가 한 자급資級 오르고 자식은 음서의 혜택이 있었다. 영조 때의 양무공신揚武功臣이 마지막 녹훈이므로 시위의관으로 녹훈된 사례는 18세기 초까지만 발견된다.

19세기 전반의 『탁지오례고度支五禮考』를 보면, 내의원 관련된 상전은 환후평복患後平復과 산실청의 2항목이다. 이는 질병의 치료에 따른 결과이므로 특별 가자加資의 형식을 가지나, 실제로는 의약청과 산실청 설치에 따른 관례적인 상이었다. '환후평복' 항목은 말 그대로 내의원에 의약청이 설치된 후 질환이 치료되고 나면 참여했던 이들에게 내리는 상에 관한 내용이었다. '산실청' 항목은 산실정과 안태安胎 관련하여 지급된 상에 관한 내용이었다. 둘 다 참여했던 의관들의 품계를 올리거나 내리거나 당하의관의 경우 정3품 하계下階의 벼슬이 제수되었다.

다른 기술직 관원들도 예를 들어 관상감 겸교수 같은 관직은 일정 기간을 근무하면 관례로 동반직으로 옮겨주거나 6품직으로 승진할 수 있었다. 그러나 다른 기술직 관원들의 경우 특정 몇 자리에 불과한 기회가 내의원에서는 소속된 의관 전체에게 주어졌다. 내의원이 누린 지위는 다른 기술직 관청들에 비하여 우월하였다.

특별 승진은 말 그대로 국왕의 특별 전교로 품계가 오르거나 벼슬을 받는 일이다. 19세기에는 어의들의 품계가 높아짐에 따라 이들을 인솔하는 영솔의관領率醫官 역할을 위하여 품계를 올리는 특별 가자가 있었다.

> "내의원의 입진시 영솔하는 책임이 수의首醫가 늙어 병이 들어서 다른 질秩이 높은 이가 없이 오래도록 비어 있으니, 사리와 체면이 극히 미안합니다. 당상의관 최훤崔暄을 특별히 한 자급을 올려 임시로 편하게 일을 처리하고자 합니다."
> — 『승정원일기』 2,329책, 헌종 2년(1836) 4월 5일 정사

내의원 소속의 의관은 다른 기술직 관청의 관원과 달리 왕의 윤허를 받아 임명되고 체직되었다. 이러한 방식은 내의원 의관들의 신분을 다른 기술직 관원과 구별 짓게 만드는 시작점이었다.

## 의료 행정과 교육의 중추, 전의감

1884년(고종 21) 12월 4일, 우정총국의 개국 축하연에서 김옥균金玉均 등의 급진 개화파가 갑신정변을 일으켰다. 이날 개화파에 피습된 민영익閔泳翊은 미국인 선교사 앨런의 응급 외과 수술로 목숨을 건졌고, 이 에피소드는 이후 서양의학이 조선 왕실의 신임을 얻게 되는 계기가 되었다. 그런데 우정총국 개국 잔치가 열려 서양의학의 도입을 초래한 장소가 바로 조선 후기 내내 전의감 관아 건물로 사용되었던 장소라는 점은 아이러니한 우연이었다.

전의감은 내의원, 혜민서와 더불어 조선 후기 삼의사三醫司 중 하나였다. 일반인에게 내의원이 방송 등을 통하여 더 알려졌지만, 전의감은 조선 의료 행정과 교육 중추라 부를만한 의료 관청이었다. 먼저 전의감은 궐내에서 쓰는 의약과 특전으로 주는 의약을 맡았다. 또한 의서습독관과 생도의 교육 기관이면서 의과를 실시 감독하는 관청이었다. 즉 전의감은 조선의 의료제도에 있어서 내의원보다도 더욱 핵심 관청이었다.

전의감은 『궁궐지』에 따르면 현재의 종로구 견지동에 해당하는 한성부 중부 견평방에 위치하였다. 관청지가 현재 전하지 않아서 부속 건물에 대한 정확한 정보는 알 수 없다.

전의감은 문신이 겸직하는 제조 2명이 있고, 정3품 정正 이하 20여 명의 녹관이 있었는데, 관원 수는 시기에 다소 다르다. 19세기 전의감 관원 명부인 『전의감관안』을 보면 전의감 여러 관원의 업무가 상세하게 설명되어 있다. 정3품 전의감 정은 관청 내 행정을 총괄하면서 인신印信·공인·총민 시험 등의 일을 맡았다. 종4품 첨정은 종약種藥을 맡았고, 종5품 판관은 전의감 내의 노비를, 종6품 주부는 중국산 물품을, 종7품인 직장은 국산 약재인 향약을, 종8품 봉사는 관청 내의 서적을 맡았다. 정9품 부봉사는 직장과 봉사의 업무를 보조하였다. 이외 총민과 생도 등을 가르치는 종6품 교수와 종9품인 훈도가 있었다. 전의감 관원은 임상에 종사하는 의사이면서 행정적 업무도 함께 하였고 이러한 겸무는 다른 의료 관청의 관원들도 마찬가지이다. 현대로 보면 보직을 맡은 의과대학 부속병원의 임상교수와 유사하다. 행정 보직을 맡지 않은 다른 의원들도 있었고, 이들도 봉급을 받으며 전의감 내에서 근무하였다.

『경국대전』에 따르면 주부 이상의 자리는 모두 의과에 합격한 이들로만 임명해야 했다. 조선 후기의 실제 임명 사례를 보아도 이는 철저하게 지켜졌다. 전의감이 혜민서에 비하여 상위 관청인 점은 단순히 품계가 높은 관원들이 많은 관청이라는 점 외에도, 다수의 의과 출신자로 구성되었다는 점도 영향을 주었다. 또한 전의감은 의과 시험을 감독하고 주관하는 관청으로서, 시험 감독관 역할을 위해서는 의과 경험이 필수적이었다. 현존하는 『의과방목』을 보면 예조의 관원 외에 판관 이상의 전의감 고위직들이 시험 감독의 역할을 하는 것이 확인된다.

취재 시험에서 높은 점수를 받은 사람 중 판관 이상의 벼슬에 있는 관원 한 사람을 구임관久任官으로 임명하였는데, 구임관이란 한 관직에 오래 머물게 하여 전문성과 효율성을 높이려는 제도였다.

구임관과 교수와 훈도 같은 교회직을 제외한 나머지 벼슬은 체아직遞兒職으로 1년에 2번 도목정사를 통하여 취재 성적에 따라 임명하였다.

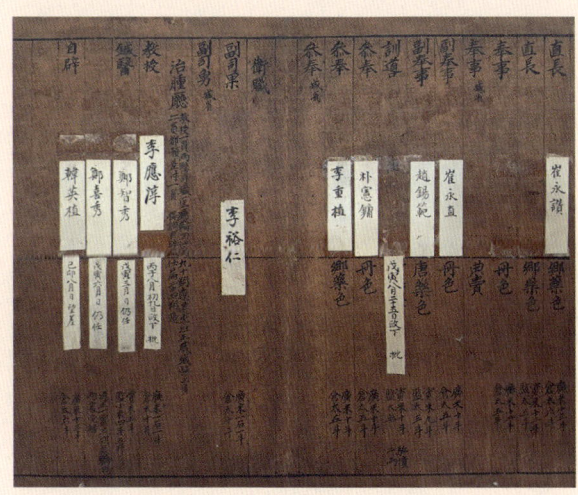

그림 8
『전의감관안』 본문,
허준박물관 소장

취재 시험에서 등급 외로 평가된 사람은 지방에 임명하는 외임外任 자리에 임명하였는데, 이 경우 혜민서와 서로 교대로 임명하거나 하는 등의 규칙이 있었다.

행정을 보는 관원들 외에 습독청에 배속된 군직軍職인 종6품 부사과副司果와 종9품 부사용副司勇 자리가 있었는데 이는 의학습독관을 권장하기 위하여 따로 봉급을 주기 위해서 만들었다. 조선 후기에는 이 자리에 보통의 의학 관료가 임명되었으며, 행정 업무는 없이 진료만 보는 관원의 벼슬로 활용되었다.

『전의감관안典醫監官案』에는 이들 관원이 매달 받는 녹봉에 대한 기록이 있는데, 예를 들어 전의감 정은 쌀 1섬(가마니) 5말과 콩 5말을, 교수는 쌀 1섬 1말과 콩 10말을, 참봉은 쌀 10말과 콩 5말을 받았다. 전의감 관원 녹봉에 대한 기록은 이병하가 저술한 『해혹변의』에도 같은 내용이 기록되어 있다. 실제 당시 의료 관료의 봉급이 어떠했는지 알 수 있는 자료이다. 물론 국가에서 받는 녹봉 외에 일과 시간 이후로 왕진을 가는 등으로 해서 생기는 부수입은 별도였다.

각 자리는 해당하는 관품이 있었는데 전의감 정은 정3품 하계 통훈대부通訓大夫, 첨정은 종5품 하계 조산대부朝散大夫 식으로 정해져 있었다. 물론 관품은 취재에 의한 현재의 관직과 상관없이 당사자가 오랜 관직 생활을 하게 되면 올라갔다. 관직은 취재 시험을 잘

봐야 주어졌기에, 먼저 관직에 출사했던 선임자가 후임자보다 더 낮은 관직에 있는 경우가 당연히 있었다. 그러나 관품은 누진되어 승급하였기에, 선임자라면 일반적으로 관품은 더 높았다.

이외 전의감 내에는 성격이 다른 기구가 존재하였다. 이를 대개 무슨 청廳이라 표현하는데 등제청等第廳, 신등제청新等第廳, 습독청習讀廳, 권장청勸奬廳, 녹관청祿官廳, 전함청前銜廳 등이 이에 해당한다. 이들 청은 관례에 따라 우두머리인 행수관行首官을 두었고 때로는 일을 보는 장무관을 별도로 두었다. 이들 청은 각각 공적인 업무를 보는 역할이 있었다. 특히 등제청과 신등제청은 취재 없이 소속된 이들을 외임직 관원으로 임명하는 인력 풀로 기능하였고, 전의감의 위상을 혜민서에 비하여 높이는 역할을 하였다.

전의감의 조애소助哀所는 1770년(영조 46)에 처음 만들어졌는데, 현재로 보자면 관청 내 상조회 조직이다. 다른 점이라면 축의는 없이 상례에만 부조하였다. 조애소의 행수관은 현직 전의감 정이 맡았고 구임관도 관여하였다.

관청 관련된 행정적 업무 외에 전의감 소속 관원은 여러 업무를 해야 했다. 물론 진료가 가장 큰 비중을 차지하지만, 진료와 관련이 없는 업무도 있었다. 대임大任으로 분류된 업무는 수고가 많이 필요하였고 이를 하게 되면 업무 평가에 유리하였다. 대임의 업무는 지방에서 감염병이 돌 때 구료관 업무 등이었다.

전의감의 입직入直의 경우 처음 임명된 이는 참상관은 16일, 참하관은 12일이었다. 대청과 녹관청의 우두머리와 장무관은 입직을 하지 않았다. 보통의 숙직은 전의감 정은 1일, 첨정과 판관은 2일, 교수와 훈도는 3일, 참하관은 6일이었다.

## 백성 돌봄의 장, 혜민서

조선시대 의관에게 혜민서는 삼의사 중에서 가장 인기 없고 끗발이 없는 직장이었을 것이다. 혜민서는 일반 백성들을 의약으로 치료하는 역할을 맡은 관청이었다. 그들이 직장에서 만나는 사람 중에 출세의 동아줄이 될 사람도 없었고, 돌보아야 할 환자 수는 다른 의료 관청보다 비교할 수 없이 많았을 것이다.

혜민서는 현재의 을지로2가에 해당하는 한성부 대평방에 있었다. 『궁궐지』에서도 같은 위치라 하였다. 혜민서의 부속 건물은 대청, 마루방, 전함청, 화장실, 마구간, 좌우협랑 등이 있었다. 『혜국지』를 보면 임진왜란 이전에는 혜민루가 있어서 길가에 우뚝 솟아 있어서, 백성들이 질병이 있으면 와서 고하고 약을 공급받았다고 하는데, 조선 후기에는 무너지고 없었다. 또한 혜민루의 북쪽, 대청 서쪽에 동서로 3칸 반, 남북으로 4칸 반 정도의 연지蓮池가 있었다. 혜민서 관원이 조회를 기다리거나 숙직하는 공간인 직방直房은 현재의 종로구 서린동에 해당하는 한성부 중부 서린방에 있었다.

혜민서는 문신 또는 왕의 사위인 부마가 겸직하는 제조 2명이 있었다. 종6품 주부 이하로 10여 명의 녹관이 있었는데 관원 수는 시기에 따라 약간 차이가 있다. 『혜국지』를 보면 여러 혜민서 관원의 업무가 상세하게 설명되었다. 종6품 주부는 인신印信을 관장하고 관청 일을 총괄하였다. 종7품 직장은 노비를, 종8품 봉사는 서책을, 종9품 참봉은 약재를 담당하였다. 이외 교회직으로서 총민을 가르치는 종6품 교수와 생도 및 의녀를 가르치는 정9품 훈도가 있었다.

제조가 있음에도 내의원, 전의감 등 모든 관청에서 인신의 관장은 의관 중에서 품계가 가장 높은 녹관이 맡았다. 이러한 점을 보면 의료 관청의 실제 행정 실무 책임이 녹관에게 있음을 알 수 있다. 참봉은 혜민서가 호조에서 돈을 받아 중국산 약재를 사고팔던 시절에는 4명이나 있었으나, 국산 약재만을 관장하면서 2명으로 줄었다.

이상 녹관 중에서 일을 잘하는 한 사람은 장무관으로 임명하여 장부와 문서의 출입 및 각종 차역하는 일을 관장하게 하였다. 현직 녹관이므로 장무관도 녹관청에 속하였다. 장무관 직임을 하면, 다음 취재 때 응시 자격이 되지 않더라도 자격을 주어 공로를 보상하였다. 사역원의 관청지인 『통문관지通文館志』를 보면 은전으로 취재를 바로 볼 수 있게 하는 경우를 제외하고는 역관 취재를 연속으로 취재를 보지 못하게 하였다. 그 이유는 기회균등 때문이었다. 도목정사 때 시행되는 도목회시都目回試, 즉 녹시祿試의 경우, 6개월 내에 녹봉을 받지 않는 근무 기한이 100일을 넘어야 응시 자격이 있었다. 따라서 녹봉을 받는 녹직을 연속으로 종사할 수 있는 자격을 허락하는 것은 의미가 컸다.

혜민서는 구임관으로 『경국대전』에서는 직장 이상의 한 사람으로, 『혜국지』에서는 주부 한 사람으로 규정화가 되었다. 그렇다면 구임관과 장무관은 어떠한 차이가 있을까. 관상감의 관청지인 『서운관지書雲觀志』를 보면, 관상감의 장무관은 구임관의 사무를 덜어 주는 역할을 하였고, 현직 녹관 중에서 임명하여 6개월이 되면 교체하고 회시를 허락하였다. 혜민서의 경우도 장무관의 경우 6개월을 주기로 교체하였을 것이다. 장무관은 구임관을 보조하는 역할을 한 것이다.

포폄褒貶은 조선시대 모든 관청에서 소속 관원들에 대하여 주기적으로 시행하던 인사고과 평가 제도이다. 혜민서는 5월과 11월의 25일에 시행되었는데, 전의감 또한 그러했을 것이다. 혜민서의 포폄은 녹관청의 구임관과 장무관, 전함청의 행수관과 유사관有司官이 실무를 맡았다. 포폄 대상자는 혜민서 본청에 속한 녹관뿐 아니라 혜민서 몫으로 파견된 외임직 관원들도 모두 포함되었다. 전의감 또한 자신들 몫으로서 파견된 외임직 관원들을 포함하여 포폄을 하였다. 그런데 외임직은 해당 소속 기관장이 평가하고 중앙관청의 장은 그것을 그대로 위로 올렸다. 예를 들어 전라관찰영의 심약이

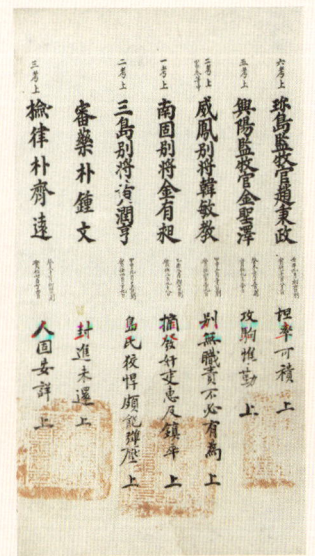

그림 9
1885년 전라감영 포폄,
서울대학교 규장각한국학연구원 소장

라면 혜민서 제조나 전의감 제조가 아닌 전라도관찰사가 포폄을 하였다. 포폄은 근무 상황을 살필 수 있는 소속 기관장이 하는 일이었다. 외임의 포폄 결과는 제조에게 보내져서 본청 소속의 관원들과 함께 결과가 기록되었다. 본청의 포폄 방식은 해당 제조가 해당 녹관의 점수를 상중하로 매기고 그 이유를 간단히 적었다.

위 문서에서 전라감영 심약은 상등을 받았는데, 포폄 당시에 심약은 약재를 진상하러 가서 돌아오지 않았다.

만약 포폄 결과가 좋지 못하면 해당자의 벼슬살이에 불이익을 주었다. 포폄 결과가 하등이거나 연속으로 중등을 맞으면 의사 명부에서 이름을 빼버렸다. 15일 이내에 다시 벼슬을 하기 원하는 이는 명부에 이름을 넣어 주기는 하였지만 2년 내에는 취재를 허락하지 않았고, 한 번 중등인 경우는 해당 분기의 취재를 보지 못하게 하였다. 그러므로 포폄 권한이 있는 기관장은 소속 의관에 대해서 절대적인 위계를 누렸다.

녹관을 임용하기 위한 취재인 녹시는 포폄 이후 20여 일 뒤인 6월 15일과 12월 15일 행해졌다. 앞서 포폄 결과가 좋지 못한 이들을 제외하고도, 무단으로 5일 이상을 근무하지 않은 이, 허락을 받았어도 30일 이상을 근무하지 않은 이는 응시 자격이 없었다. 녹봉을 받지 않은 기간이 100일이 되어야 하므로, 이전 본청 소속 녹관들은 대개 응시 자격이 없었는데, 공로를 세운 녹관, 장무관, 교회직은 볼 수 있었다. 이 밖에 본청이 아닌 각 관청의 약방과 침의, 월령의, 외임에 나가 있는 심약도 응시 자격이 있었다. 심약 등은 지역에 따라 임기가 정해져 있어서 임기 중에 취재를 볼 수 없었는데, 6월과 12월의 10일 이전에 체직된 이는 허락되었다. 녹시 결과에 따라 구임직과 교회직을 제외한 녹관이 임명되었다. 구임관과 교회직은 제조의 추천으로 임명하였는데, 구임관은 직장 이상, 교수는 봉사 이상, 훈도는 참봉 이상의 녹관이어야 했다.

혜민서의 입직入直, 즉 숙직은 원래는 밤에만 하는 것이었는데 1770년(영조 37) 이후로는 밤낮으로 하는 것으로 바뀌었다. 처음 임명된 이는 보름 동안, 재차 임명된 이는 5일을 하였는데, 일반 녹관은 3일 동안 숙직하였다. 또한 관례로 이조정랑이 입직하는 날에는 주부가 입직하였다.

전의감처럼 혜민서도 관청 관련된 행정적 업무 외에 여러 업무를 해야 했다. 이 업무 중 일부는 혜민서와 교대로 하거나 함께 파견되기도 하였다. 전의감과 혜민서 관원이 하는 업무 중에 무축관巫祝官처럼 의약과는 관련 없어 보이는 일도 있다.

> 무축관[대가大駕(임금이 타는 어가)가 친히 참석하여 조의를 나타내며 제사할 때 양의사 관원 각 1원이 천담복淺淡服(제사 때 입는 연한 옥빛의 옷)을 입은 채로 열茢(익모초)을 들고, 동서 활인서 관원 각 1원이 복숭아나무 가지를 들고, 좌우로 열을 나누어 선다. 대가가 상주가 거하는 처소에 이르면 바깥문 안에서 앞서 인도하여 조소弔所에 이르고, 조문이 끝난 뒤 대가가 대련에 오르면 그친다. 본서에서 입직할 인원을 차출하여 보낸다.]
>
> —『혜국지』 식례式例

혜민서도 전의감처럼 주애소가 있어서 관원 본인, 부모, 처의 상&#xfeff;<sub>喪</sub>에 부조하였다. 그러나 중간에 재원이 부족할 우려가 있으므로 여러 예목<sub>禮木</sub>을 적절히 헤아려 증가시키도록 하였다. 자체 재원 증가의 방법으로 소속 관원이 되면 반드시 예목을 바치는 절차를 거치도록 하였다.

의료 관청이 의서를 출간하는 경우 책판을 보관하면서 수시로 책을 찍었다. 예를 들어 『혜국지』를 보면 관청 창고에 『동인수혈침구도경』과 『찬도방론맥결집성』의 책판이 있었다. 다른 의료 관청도 비슷하게 책판을 보관하였을 것이다.

의료 관청에는 관원 이외에도 솔속<sub>率屬</sub>이라 불리는 보조 인력들이 있었다. 서원, 고지기, 사령, 군사, 의녀, 노비 등이 이에 해당한다.

## 국산과 중국산, 이원화된 약재 관리

〈그림 10〉은 국립고궁박물관에 소장 중인 약을 보관하는 목재 약장이다. 약장 옆면에는 "섭하간이보동원涉河間而步東垣, 유단계이입장사由丹溪而入長沙, 춘산홍자春山紅紫, 추강징철秋江澄澈"이라는 문장이 쓰여 있다. 이를 해석하면 얼핏 자연을 노래하는 시 같다. "물 사이를 건너서 동편 담장에서 노닐고, 붉은 계곡을 따라서 긴 모래 사장으로 들어가노라. 봄 산은 울긋불긋하고 가을 강은 맑고 투명하구나." 그런데 하간河間·동원東垣·단계丹溪·장사長沙는 각각 유완소·이고·주진형·장중경을 말하며, 이들은 한의학에서 중요한 여기는 중국의 임상 대가들이다. 이런 식으로 대입하여 글을 읽으면 의학을 공부하는 이가 추구해야 할 길을 설명하는 뜻이 된다. "하간(유완소)을 섭렵하고 동원(이고)을 뒤따르노니, 단계(주진형)를 쫓아 장사(장중경)에 입문하노라." 보통 약장 한 칸에 하나의 약재를 넣지만, 사용되는 양에 따라 약재를 큰 칸과 작은 칸에 구분하여 넣었다. 큰 칸의 약재를 보자면 상단에서는 우측부터 금은화·감초·계지·오약·창이자 순이다.

'약방의 감초'라 부를 정도이니 감초가 많이 사용되는 것은 얼핏 당연한 일로 여겨진다. 그러나 감초는 조선 전기에는 국내 자급이 불가능한 약재였다. 감초는 세종 때에야 처음 재배에 성공하였고, 자급하기 위한 노력이 이후로도 계속되어서, 중종 때 이르러 어느 정도 자급에도 성공하게 된다. 그러나 다시 왜란을 겪고 재배지는 황폐해졌고, 조선 후기 들어서 인구 증가로 약재 사용량이 증대되면서 국산 재배만으로 수요 분량을 충당하기 어렵게 되었다. 감초는 대표적인 중국산 수입 약재인 당약唐藥으로 분류되었다.

그림 10
약장, 국립고궁박물관 소장

"전에 감초를 보낼 때에 땅의 성질이 기름진 곳을 가려서 나주·진도·광양 세 고을에 심어서 기르게 하였는데, 이제 경卿이 보고한 모苗를 생산한 수를 보건대, 나주의 5조條가 1백 95조를 생산하고, 진도의 26조가 1백 24조를 생산하였으나, 광양의 9조는 다만 1조가 모를 생산하고 나머지는 모두 생산하지 못하였다고 하였다. 위의 세 고을의 풍기風氣와 토성土性은 원래 서로 다르지 않은데 나주·진도에 심은 것은 모두 다 모가 살아서 번성하고, 또 이 밤섬[栗島]에 심은 것도 해마다 번성하는데, 홀로 광양에 심은 것만이 기사년(1449)에 2조와 경오년(1450)에 7조가 말라 죽었다. 그 관리가 조심하여 기르지 않아서 장차 종자를 끊어지게 할 것이니, 마땅히 곧 죄를 다스리되 사유赦宥를 지낸 것을 논하지 않으며, 이제부터는 때를 가리지 않고 사람을 보내어 기르는 상황을 살필 것이고, 경도 순행할 즈음에 몸소 살펴보아 번성하게 하라."

―『문종실록』 7권, 문종 1년(1451) 5월 1일 무술

조선시대에 약재는 국산 약재인 향약鄕藥과 중국산 약재인 당약으로 나누었다. 지금에야 중국산 약재가 품질이 좋지 못한 것으로

취급되는 경향이 있다. 그렇지만 조선 후기 당시의 중국은 문명화된 강대국으로 우리나라보다 많은 분야에서 앞서 있는 선진국이었고, 의약 분야에서도 선진국이었다. 조선의 약재 자급을 위한 노력은 세종 대 이후로 계속되었으나, 지속적인 노력에도 불구하고 당약을 대체한 향약의 품질에 대한 의심은 계속 제기되었다. 중국 사행에 참여한 어의와 의원은 사신단 일행을 치료하기 위한 면도 있었으나 국내에서 구하기 어려운 중국산 약재를 무역하기 위한 목적도 있었다.

혜민서는 일반 백성들을 의약으로 치료하는 관청이었기에 필요 약재의 수급이 중요하였다. 혜민서에는 전매청을 별도로 두어 호조에서 돈을 받아 백성들을 치료하기 위한 수요를 보충하도록 하였다. 중국과의 사무역이 금지되었고, 국내 상업화도 더디었기에 약재도 전매 물품으로 지정하여 관리할 수 있었다. 그러나 조선 후기 들어 상업 시장이 확대되면서, 낮은 전매 가격의 통제 아래에 더 이상 둘 수 없었다.

19세기 중반 조선의 상황을 보면 최소 5만에서 최대 10만 섬의 국가 재정 적자가 발생하고 있었다. 그런데 조선왕조는 공물을 상납하는 공인貢人이나 한양의 주민에게 부담을 전가하여 지방 재정을 악화시키는 정책을 취하였다. 국가 재정의 악화로 인건비를 줄이기 위하여 관원 감축이나 의료 관청의 통폐합도 시도되었다. 이러한 현실 속에서 혜민서의 대민 의료 업무가 유지는 되었지만, 역할 비중은 줄어들 수밖에 없었다. 더구나 약재가 민간 의료 시장에 충분히 공급될 수 있는 상업 시장의 형성과 확산은 혜민서의 역할을 더 약화했다. 혜민서의 역할 약화는 혜민서를 활용하던 한양 일반 백성의 의료 수요를 성입직 민간 의료로 더욱 긴밀하게 연결하게 하였고, 사적 의료인 의국醫局과 약국들이 더욱 활발해지게 만들었다. 18세기 후반 류본예柳本藝가 저술한 『한경지략漢京識略』을 보면 당시 약국은 구리개[銅峴]에 주로 있었다. 구리개가 혜민서에 가까이 위치하였기 때문에, 자연 발생적으로 오늘날의 메디컬 타운처럼 약국 거리가 되었다. 구리개의 약국 거리는 19세기 후반까지도 이어졌다.

> 약국은 모두 구리개에 있고, 좌우로 늘어서 있다. 그리고 각처에 흩어져 있는 것은 문 옆에 꼭 '신농유업神農遺業'이나 '만병회춘萬病回春'이라는 글귀를 써 붙이고, 창을 길가로 내고 갈대로 만든 발을 드리워놓았다.
> 
> —『한경지략』 시전市廛

제 기능을 못 하던 혜민서의 진매청 건물도 1764년(영조 40)에 매각되면서 완전히 사라졌다. 『혜국지』를 보면 전매청은 청廳의 관리를 정해 사무를 보았는데 업무상 혜민서 참봉이 이 역할을 했을 것이다. 종9품 혜민서 참봉은 4명이었다. 그들 중 2명은 중국산 약재를 담당하였다. 원래는 호조에서 돈을 받아 중국산 약재를 사고 파는 일을 하였으나 『혜국지』가 저술될 시기에는 그 업무를 하지 않았다. 당약 담당 참봉 2명은 호조가 중국산 약재를 봉하여 들일 때 당약간품관唐藥看品官으로 교대로 임명되었다. 나머지 2명의 참봉은 국산 약재를 담당하였다. 『전의감관안』을 보면 전의감에서는 종6품인 주부가 중국산 물품을, 종7품인 직장이 국산 약재를 담당하였다. 더 높은 직임의 관원 업무라는 점은 향약보다 당약이 더 귀했던 현실을 보여준다.

중국산 약재인 당약은 중국과의 무역을 통한 수입에 의존할 수밖에 없었다. 국산 약재인 향약은 관청에서 직접 기르거나, 공물 진상 방식으로 지방에서 거두어들였다. 대부분의 향약은 후자의 방식으로 확보되었다.

종약전種藥田은 관청에서 직접 기르는 방식과 관련되었다. 종약전은 관청에서 사용할 약재를 심어 기르는 용도의 토지였다. 줄여서 약전藥田이라고도 한다. 내의원, 전의감, 혜민서에 모두 종약전을 두었다는 기록이 있는데,『전의감관안』에서 전의감 첨정이 종약을 담당하였고, 내의원에서도 종약관이라는 직임을 별도로 두었음이 『승정원일기』를 통해 확인된다. 시기에 따라 종약전의 소재 위치가 다르고, 면적도 다르다. 이러한 종약전은 본래 공물로 바쳐지지 않은 약재들을 확보하기 위한 목적이었다.『경국대전』에도 혜민서의 종약전에 대하여 조세가 없다고 명시하였다.

내의원의 종약전은 원래의 목적으로 조선 후기에도 유지되었는데, 생지황生地黃과 형개荊芥 등의 약재를 길러 필요할 때마다 활용하였다. 18세기 문헌인『내의원정례內醫院正例』를 보면 1년에 한 차례 종약전에서 나온 약재를 말리는 일에 쓰이는 물품 목록도 소개되었다.

종약전의 위치는 시기에 따라 차이가 있었다. 15세기 후반의『대전속록大典續錄』을 보면 경복궁 후원에 종약전이 있던 시절도 있었다. 현재의 서울 중구 약고개, 즉 약현藥峴이라는 지명이 내의원의 종약전에서 유래한 것으로 알려져 있다. 1750년대 중반에는 약전고개와 밤섬에 종약전이 있었고, 1750년대 후반에는 두 곳의 약전이 줄어든 대신, 너섬의 약전이 추가되었다는 기록이 있다.『승정원일기』를 보면 밤섬의 약전에 포락浦落이 많은 까닭으로 밤섬과 가까운 너섬의 사축서司畜署 밭을 약전으로 활용할 수 있게 해 달라 하여 국왕에게 허락을 받았다. 너섬은 현재의 서울 영등포구 여의도동 일대이다.

『내이원시례』에서도 약전 조문을 별도로 두고 설명하였다. 실세 농사를 지어야 하므로 약전에는 소 2마리와 밭이 섬이라는 이유로 강을 건널 수 있는 배 1척도 배치되었다. 이 소를 종약우種藥牛라고 불렀다. 『내의원식례』 요포料布 조문을 보면 종약우 2마리 몫의 죽으로 좁쌀 3말과 콩 6말을 규정하였다. 『내의원식례』 솔속率屬 조문을 보면, 약전에 배치되는 종약군사 2명과 종약모군 8명, 종약수노 2명이 있다. 모군募軍은 딸려서 일하는 사람이란 의미로 종약수노와 함께 실제 농사를 짓는 이들이다. 또한 내의 중에서도 종약관 2명을 뽑아 이들을 감독하게 하였다. 이 종약관은 양도목정사 때 교체되었다. 내의원 서원에도 종약서원種藥書員이 있었다. 종약관을 비롯하여 종약우까지 모두 짝수인 이유는 내의원의 약전이 2곳에 있었기 때문이다. 너섬의 약전은 밤섬과 가까운 곳이라 한 명의 종약관이 관리하였다.

혜민서와 전의감의 종약전은 원래의 목적이 아니라 밭을 빌려주고 세를 받는 식으로 관리되었다. 그마저도 영조시기를 거치면서 없어졌는데, 『혜국지』를 보면 현재의 성북구 정릉동에 해당하는 동소문 바깥 사아리에 있었다. 이를 영조 때에 팔고 새롭게 3곳을 나누어 샀는데 한성부 동부 건덕방 홍문입동, 고양 부원면 서강 구수철리와 신수철리에 있었다. 『혜국지』가 저술될 시기에는 이미 혜민서의 종약전이 직접 약재를 심어 재배하는 시기가 아니므로 『혜국지』에는 약전에 배치되는 인력이 나오지 않고, 녹관의 업무에도 종약 관련된 내용이 없다. 다만 혜민서 참봉의 업무가 국내산 약재인 향약을 맡으므로 이들이 종약전과 관련되었을 것이다.

참고로 중앙관청 외에도 지방관청에도 약전과 유사한 것이 있었나. 예를 들어 제주목에는 약포藥圃가 있었다. 약포는 제주 관아를 비롯한 여러 곳에 있었다. 신과원 북쪽의 약포에는 향유香薷·자소紫蘇·형개荊芥·회향茴香·앵속罌粟·사상자蛇床子 등을 재배하였고, 광양단에서는 지황地黃과 감초를 재배하였다. 소림과원에서는 당귀當歸를 재배하였고, 제주목 관아 주변에서는 측백側柏을 길렀다. 중앙관청의 약전과 지방 관청의 약포는 약재를 기른다는 점에서 같다. 중앙관청의 약전에서 길러진 약재는 오로지 관청의 자급용으로 활용되었다. 반면에 지방관청의 약포에서 재배된 약재는 자급용의 의미도 있었지만, 진상 약재의 부족분을 채우려는 목적도 있었다.

의료 관청은 각 관청에 약재 보관 창고를 두었다. 내의원은 약재 창고를 별도로 두어 동고東庫와 서고西庫가 있었고 이 창고의 열쇠는 제조가 관리하였다. 혜민서는 별도의 창고 없이 2칸 반 규모의 창고만 있었다.

## 삼의사 밖의 의관들

분차分差란 의료 관청 본청 외에 의료 관청이 아닌 다른 관청 소속으로 임명하는 것을 말한다. 여기서 중앙관청은 한성부 및 경기에만 국한하고 심약과 같은 지방의 의관은 외임으로 따로 설명하겠다. 분차된 의관은 활인서 참봉·오상사약방·군문약방 및 침의 등이 여기에 속한다.

치종청治腫廳은 의료 관청에 속하여 엄밀하게는 분차 의관으로 보기는 어렵지만, 내의원 등의 세 의료 관청 중 어느 하나에 속하였다고 보기 어려운 독립적인 기구였다. 치종청의 인력 구성은 『전의감관안』을 통하여 알 수 있다. 치종교수治腫教授 1명, 정7품 사정司正을 포함한 침의 3명, 제조提調 자벽自辟 1명, 합하여 총 5명이다. 제조 자벽이란 제조가 추천하여 마음대로 임명할 수 있는 자리였다. 자벽의 녹봉을 보면 종7품 직장과 같다.

> 치종청[교수 1원은 양의사와 내침의청에서 교대로 임명한다. 근무일 90개월을 채우면 동반의 실직實職으로 옮긴다. 침의 3원과 제조 자벽은 모두 근무일 24개월을 채우면 체직된다.] 교수[광흥창廣興倉에서 쌀 1섬 1말과 콩 10말이

다.]; 침의[군자감에서 쌀 5말과 좁쌀 4말 5되이다.][사정司正 한 자리는 3개월 식이다. 돌아가면서 두 곳에서 녹봉을 받는다.]; 자벽[광흥창에서 쌀 13말과 콩 6말이다.]

— 『전의감관안』 치종청

치종교수는 종6품으로 백성의 종창 치료를 관장하였다. 치종교수의 근무 기한은 시기에 따라 다른데 숙종조에는 30개월이면 승진이 보장되었고, 18세기 후반 『혜국지』 저술 시기에는 45개월, 19세기 중반 『전의감관안』 저술 시기에는 90개월로 바뀌었다. 소속된 관청도 시기에 따라 다른데 내의원 또는 전의감 단독으로 임명하는 시기도 있고, 내의원과 전의감에서 교대로 임명하는 시기도 있고, 삼의사가 교대로 임명하는 시기도 있다. 치종교수는 치종청의 우두머리이므로, 어느 관청에 속한 의관이 치종교수가 되느냐에 따라 치종침의와 제조 자벽의 임명권도 해당 의료 관청의 권한이 되었다.

활인서活人署는 도성 안의 급한 환자들에 대한 구제를 맡았다. 여기서 구제란 의료적 돌봄 이외에도 의식주 관련한 돌봄도 제공하는 것이다. 혜민서와 활인서의 의료적 돌봄 영역은 비슷하지만 활인서는 사회적 약자에 대한 긴급 돌봄의 의미가 더 크다. 관청의 위치에 따라 동과 서 활인서로 구분되므로 활인서 참봉은 2명이었다.

『경국대전』에도 활인서 참봉은 종9품으로 의원을 임명하고 1년에 2번 도목정사를 시행하는 체아직으로 규정되었다. 활인서 참봉은 조선 후기의 경우, 대민 의료를 담당하는 혜민서 관원이 취재를 통하여 임명되었다. 활인서 참봉은 취재점수 순위는 혜민서 참봉 바로 다음이었다.

각사약방各司藥房은 비의료 관청에 소속되어 해당 관청 소속 관원들의 진료에 종사하고 전약煎藥을 공급하는 의원을 말한다. 특히 조선 후기에는 종친부·의정부·충훈부·중추부·기로소의 5개 주요 관청에 약방이 있어 이를 '오상사약방五上司藥房'이라 불렀다. 이 외에 예조에도 약방이 있어 이를 예조약방이나 예조의원이라 불렀다. 원래 있던 육조약방 중 유일하게 남은 것이라 예조약방을 그냥 육조약방이라 부르기도 하였다. 약방에 대한 규정집으로 현재 규장각에 『의정부약방식례議政府藥房式例』가 남아있다.

약방은 소속 관청에 따라 품계가 있는 유품관인 경우도 품계가 없는 무품관인 경우도 있으며 수도 일정하지 않다. 또한 시기에 따라 자리가 없어지고 하는 등의 변화가 많았다. 유품관인 경우 종8품 내지 종9품이었다. 이들 약방은 전의감과 혜민서의 현직 인원으로 나누어서 임명하였고, 임기는 따로 정해지지 않았다. 각사약방과 침의는 취재의 점수에 따른 임명을 하지 않았다.

각사약방은 소속 관원의 진료 외에 연례제조라는 업무가 있었다. 이 업무는 내의원의 연례제조와 유사하나 만들어야 할 약의 종류가 적고 소속 관청에만 활용하면 되므로 수량도 적었다. 연례제조하는 약으로는 납약·생맥산·전약·익원산·성호탕을 들 수 있다. 이렇게 만들어진 약들과 물품은 항목마다 정해진 시기에 바쳤다.

중앙군 부대의 군진의학에 종사하는 의원은 군문약방軍門藥房과 군문침의軍門鍼醫가 있었다. 이들은 군병의 구제와 치료를 목적으로 배속되었다. 조선 후기 군문약방 및 침의가 있던 군영으로는 훈련도감·금위영·어영청·수어청·총융청·장용영이 있다. 군문침의의 경우 훈련도감 등 삼군영三軍營에만 있고 총융청과 수어영에는 처음부터 없었다. 각 군문약방과 침의의 정원은 1명이었다.

군문약방은 시기에 따라 임명 방식이 다르다. 양의사 의관으로 임명하기도 하고, 군문 스스로 임명하기도 하였으나, 1785년(정조 2) 이후로는 비의료 관청 사람을 임명하기로 결정되었고 이후 변동 없이 유지되었다. 이들 약방과 침의의 임기는 별도로 없었다. 업무상 과실이 있거나, 어버이의 상喪, 일신의 질환이 아닌 한 계속 업무를 할 수 있었다. 이들에 대한 대우는 급료로 볼 때 각사약방에 비하여 좀 더 후하고, 부수적으로 받는 다른 물품들도 많다. 그러나 각사약방의 치료 대상이 조정의 고위직 신하라는 점에서, 각사약방이 군문약방에 비하여 의술 실력을 인정받아 출세할 기회가 많았다. 또한 근무처가 한성부 중심이라는 점도 장점이었다. 그러기에 양의사 출신으로 실력 좋은 의원이 굳이 각사약방이 아닌 군문약방을 지원할 이유는 없었다. 실제로 처음에는 군문약방을 양의사 출신으로만 제한하다가, 양의사에서 바꾸어달라고 상소하여 양의사 출신이 아닌 방외의方外醫까지 포함하는 식으로 바꾸었다. 이로 미루어보면 군문약방과 침의는 양의사 출신자가 선호하는 자리가 아니었다. 특히 군문침의의 경우 양의사 출신이 적다. 군영에는 이외 말을 치료하는 군문마의軍門馬醫가 있었고, 이들에 대한 대우는 군문약방이나 침의에 비하여 다소 낮았다.

월령의月令醫라 부르는 관직도 있었다. 줄여서 그냥 '월령月令'이라고도 하였다. 먼저 사헌부 월령의는 사헌부에서 소속되어 사헌부 내 병든 사람의 간호 및 약을 제조하는 일을 관장하였다. 형조 월령의는 형조에 소속되어 죄수의 구료를 관장하였다. 내국 월령의는 내의원에 파견되어 약을 제조하는 일을 담당하였다. 이 세 종류의 월령의는 별도의 관직으로 취재의 결과에 따라 임명되었고, 도예차 다음의 순위였다. 내국 월령의처럼 양의사관원으로서 내의원에 파견되는 내국 제약관內局劑藥官은 별도의 관직은 아니고, 납약을 진상할 때 차출되는 임시직임이었다. 이러한 제약관은 오상사와 승정원 등에도 파견되었다. 의금부 월령의는 월령의라는 명칭을 쓰지만 별도의 관직은 아니고, 5일을 기한으로 하여 여름과 겨울에는 혜민서에서 봄과 가을에는 전의감에서 맡아 파견하는 자리였다.

도예차는 예비해 놓은 관원으로 이 자리보다 취재 점수가 높은 앞선 순위 자리에 갑작스레 결원이 생기면 임명하려고 둔 것이다. 도예차는 녹관과 외임이던 심약, 양도 월령의, 동영 구료관 다음의 자리였다.

도예차와 내국 월령의, 형조 월령의, 사헌부 월령의는 녹관이나 심약과 달리 모두 추천장 없이 후보 명단을 올려 임명되었다.

녹관이 아니어서 녹봉을 받지 못하더라도 전직 관원들은 전함청에 소속되어 교육을 받고, 필요한 임시직임에 종사하였다. 이러한 임시직은 대부분 해당 일이 끝날 때까지가 임기였다. 그런데 이들 임시직임에 현직의 구임관, 교수 및 나이가 60살이 된 이는 차출되지 않았다. 이미 구임관을 지낸 이, 현직의 녹관, 혜민서 침의 등은 추국 구료관과 군병 구료관 외의 제반 구료 및 의금부 월령의로 차출되지 않았다. 즉 전직 녹관 등이 이러한 임시직으로 차출되었다. 이러한 직임들 대개 전의감과 혜민서가 교대로 맡았다. 공적인 업무가 일부에만 지나치게 집중하지 않으려는 방법을 찾았다. 또한 노고가 많이 들어가는 업무는 다음 녹관 임용을 위한 취재 응시 자격을 주어서 보상하였다.

검시란 사람이 사망한 이유의 원인을 판단하기 위해 변사체를 조사하는 일이다. 검시관은 검시를 맡은 관원을 말하는데, 도성 내 검시의 경우에는 양의사에서 돌아가면서 검시관을 차출하였다. 1차 검시인 초검은 혜민서에서 맡았고, 2차 검시인 복검은 전의감에서 맡았다. 장杖을 맞아 죽은 사람에 대한 검시는 전의감에서 담당하였다. 검시관은 참하관이 3차례 한 뒤에 참상관이 한 차례 맡았다.

> 살옥죄인과 관련된 사건은 해당 부에서 초검하고 한성부에서 복검하되, 만약 의견이 서로 어긋나면 형조에서 문서로 아뢴 뒤 삼검三檢한다.
>
> ─『추관지秋官志』 구방거행九房擧行

지방의 살인 사건의 경우는 해당 지역의 의생과 오작인仵作人 등이 해당 고을 수령의 책임 아래 초검을 실시하였다. 복검은 감영의 지시를 받아 감영 산하 다른 고을 수령이 담당하여 실시하였다. 복검 때에는 복검관이 초검 내용 일체를 알 수 없도록 하여 검시의 정확성과 신뢰도를 높였다. 삼검 때에는 또 다른 인근의 수령을 선정하였다. 만약 검시 후에도 범인을 확정하지 못하면 관찰사가 초검관과

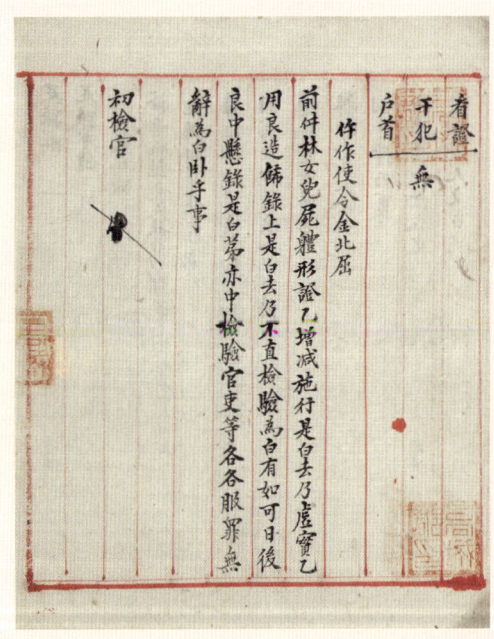

그림 11
『강원도 고성군 내면후동 임씨 여아 시신 초검안』,
서울대학교 규장각한국학연구원 소장

복검관 등을 모아 합동으로 사건을 조사하여 죄인을 확정하였다.

〈그림 11〉의 문서는 1898년(광무 2) 강원도 고성군 내면 후동에서 맞아서 죽음에 이른 임씨 여자아이의 시신에 대한 초검안이다. 초검과 복검을 하게 되면 그 결과를 이러한 문서로서 보고하였다.

검시에서는 원나라 왕여王與가 저술한 『무원록無冤錄』은 표준 지침서로 활용되었다. 조선시대에 이를 주석하거나 증보한 여러 책이 간행되었다.

## 약을 살피다, 심약

심약審藥은 종9품으로 진상 약재를 자세히 살피는 일과 일반 백성, 군병에 대한 치료 등의 일을 관장하였다. 조선 전기 의학교수관이 의학교유관醫學教諭官으로 바뀌었다가 심약으로 명칭이 바뀌게 되었다. 의학교유에서 심약으로 왜 바뀌었을까?

먼저 의학교유의 업무에서 지방에서 가르치는 역할의 대상이 변화된 까닭이었다. 처음에는 양반 자제를 포함하는 대상이 교육의 대상이다가 점차 낮은 신분인 의생 등으로 변하였다. 중앙에서 양반 자제 출신의 습독관이나 중인 이상의 의관 교육을 맡았던 전의감이나 혜민서에서 교수관이란 명칭이 활용되었다.

그리고 보다 더 중요한 이유인데, 약재 진상 업무가 주된 업무가 되었기 때문이다. 약재 진상은 의학교유관의 업무 중의 하나였으나, 관직이 처음 생겨났을 당시에는 국산 약재에 관한 연구가 미진하여 진상할 약재가 많지 않았다. 이후 세종조 『향약집성방』으로 대표되는 국산 약재에 관한 연구가 점차 이루어지면서, 약재 진상 관련 업무도 함께 비중이 높아졌다. 『세종실록지리지世宗實錄地理志』의 각 약재의 산지 기록은 국가 차원에서 각 군현의 토산 약재에 대한 조사를 전제로 한 것이다.

심약은 감영과 절도영에 1명씩 파견되었는데, 제주도는 감영도 절도영도 아니지만 육지와 떨어진 섬이라는 특수성 때문에 1명이 별도로 파견되었다. 『경국대전』에서는 총 16명이 심약의 정원이다. 이 총원은 조선 후기에도 비슷하게 유지되는데 경기와 황해도만 정원 변동이 있다. 임진왜란을 거치면서 황해도 해주에 병마절도사가 새로 설치될 즈음(1593년)에 황해절도영 심약이 추가되었다. 경기 심약은 중간에 줄였다가 복구했고, 다시 줄었다.

심약은 아니지만 심약과 유사한 관직이 있는데 바로 양도 월령의와 통영 구료관이다. '양도兩道'란 경기도 개성부와 강화부를 말한다. 개성은 고려의 수도였다는 점에서, 강화는 행궁이 있다는 점에서 특수한 지위를 누렸다. 통영 구료관은 경상도 통영, 즉 삼도수군통제영에 둔 자리이다. 이들 의관은 모두 종9품직으로 양도 월령의는 진상은 하지 않고 일반 백성과 군병에 대한 치료를 맡았고, 통영 구료관은 심약처럼 진상 업무도 하였다. 통영 구료관의 경우 심약과 업무상 차이가 없기에 문헌에 따라서는 '통영 심약'이라 기록된 경우도 있다. 예를 들어 고종조 『육전조례六典條例』에서는 통영 심약이라 하였다.

심약은 여러 도에 파견되는 외임이므로 이를 아울러 지칭할 때는 '제도 심약諸道審藥'이라 불렀다. 이들 심약은 심약이 근무하는 지역

명을 붙여 각각의 별칭이 있었다. 예를 들어 전라도 병마절도영 심약의 경우 전라병영이 있던 전라도 강진에서 근무했으므로 강진 심약康津審藥으로도 불렀다.

심약의 임명은 시기에 따라 방식이 달랐다. 『혜국지』 시기에는 양의사 취재의 점수에 따라 녹관직 다음의 순서인데 제도 심약을 모두 임명하고 나서, 다음이 개성부 월령, 다음이 강화부 월령, 다음이 통영 구료관의 순서로 임명되었다. 『육전조례』 시기에는 전의감과 혜민서의 등제等第와 관생官生 중에서 교대로 임명하였는데, 원등제元等第 30원員은 감영으로, 신등제新等第 30원은 병영으로 보내었다. 신등제와 원등제는 기존에 무엇을 지칭하는지 논란이 있던 용어였다. 그러다 근래 허준박물관에서 『전의감 사례』가 발굴되면서 명확한 뜻이 밝혀졌다. 원등제는 등제청 소속 인원이고, 신등제는 신등제청 소속 인원이다. 등제청과 신등제청을 전의감 내에 별도로 두고, 일종의 권장책으로서 적당한 전의감 관원을 취재 점수와 상관없이 미리 정해진 제도 심약이나 각사 약방의 자리에 임명하였다.

신등제청[정묘년(1807)에 창설되었는데, 원액은 30원이었다. 을유년(1825)에 20원으로 개정하였다.] 의료 관청의 등제는 정묘년에 창설되었다. 처음에는 참상관이나 참하관과 관계없이, 오직 등과登科의 순위와 거듭 직임을 한 선후로서, 한 청廳으로 모아 만들어, 심약과 약방에 교대로 임명하였다. 그러나 청을 만든 지 지금부터 십여 년의 거리가 있으니, 등제에 정해진 인원이 있어서, 그 사이에 후진으로서 과거에 합격하거나 거듭 직임한 이가 거의 50인이 넘게 청에 들어가지 못하였는데, 이전의 등제는 의지할 바가 두 분기의 녹관에 불과할 따름이었다. 전후로 정소呈訴하는 후진이 실로 이와 같이 제출하였다. "그러므로 며칠 전에 여러 요원이 모여서 회의하여 계책을 내기를, 남병영[함경남병영 심약]·황주[황해병영 심약]·청주[충청병영 심약]·울산[경상좌병영 심약]·진주[경상우병영 심약]·강진[전라병영 심약]·제주심약·심도월령[강화 월령의]·종친부·충훈부·예조약방 등의 자리도 등제가 아닌 이로 한 청을 만들어 교대로 임명하자는 뜻으로 한 청의 문제를 감히 품합니다." 이미 다른 의론이 없었으니 품한대로 시행하라.

— 『전의감사례』 신등제청新等第廳

오! 갑인년(1794, 정조 18)에 등제로서 청廳을 만든 이후에 등과한 이와 거듭 직임을 한 이가 50인이 넘었는데, 의

지할 길이 없음이 반복되어서 전후로 호소하였다. 제야께서 본청에 의지할 수 없음을 특별히 마음 아파하여서, 또한 이끌어 도와주는 방법을 생각하여, 원등제의 자리 중에 11자리를 쪼개어서 청을 만들어 돌려가며 임명하려는 뜻으로 정식으로서 품목稟目하였다. 이는 실제로 균평하고자 하는 두터운 마음이다. 지금부터 절목을 갖추어 청을 만들고, 영구히 준행하는 바탕으로 삼으려 함이라.

―『전의감사례』정묘년(1807) 4월 절목

제도 심약의 임기는 근무처에 따라 다소 차이가 있다. 그리고 시기에 따라 같은 지역의 심약이더라도 임기가 변하였다. 18세기 중반 『여지도서輿地圖書』에서는 강원도와 경상우병영의 경우 2년이고, 다른 지역의 심약은 15개월 내지 16개월이지만 일관성은 없다. 18세기 후반 『혜국지』를 보면 일반적인 경우는 16개월이지만, 경기 심약의 경우는 한 해 단위로 체직되었고, 제주 심약은 섬이라는 특수성이 감안되어 1709년(숙종 35)부터 두 해 단위로 체직되었다. 전반적으로 『여지도서』의 규정에 비해 단순하게 임기를 규정하고 있다. 고종조 『육전조례』를 보면 제주 심약만 두 해이고 다른 심약은 모두 한 해 단위의 체직으로 바뀌었다.

제도 심약의 포폄은 소속된 기관장이 포폄하여 보고하는 식이었다. 포폄은 한 해에 2차례 실시되었고 그 결과에 따라 상과 벌을 받았다. 그 상과 벌은 녹관의 포폄 방식과 동일하였다. 약재 진상이 주된 업무였기에 진상된 약재의 질이 떨어질 경우 추고 내지 심하면 파직을 하였다. 심약은 진료와 약재 진상 외의 업무도 있었다. 지방 의학 교육 업무로 의생과 글을 아는 사람을 대상으로 의학을 교육하였다. 또 선무도시選武都試라 하여 선무군관을 모아 보는 시험에서 구료관 역할도 하였다. 선무군관은 15세 이상에서 60세 미만의 한산閑散 중 군보軍保로 지정하기에는 아까운 사람으로 편성하였다.

조선 후기 심약 관련 문헌 중에 국립중앙도서관 소장의 『심약사례審藥事例』가 심약에 관하여 가장 풍부한 내용을 담고 있다. 『심약사례』는 전의감에서 편찬한 경상감영 심약을 비롯한 25종의 제도 심약과 약방에 대한 규정집이다. 1873년(고종 10) 12월 이후 완성되었지만, 본문 중간에 19세기 중반에 작성된 내용들이 혼재되어 있다.

제도 심약은 약재 진상이 주된 업무였기에, 공납 과정에서 일어나는 의생, 상인, 심약 등의 부정부패와 자질 부족은 큰 문제가 되었다. 아래 내의원 제조 김시근金蓍根의 관문關文은 인상 진상에서 일어나는 폐해를 잘 보여주는 사례이다.

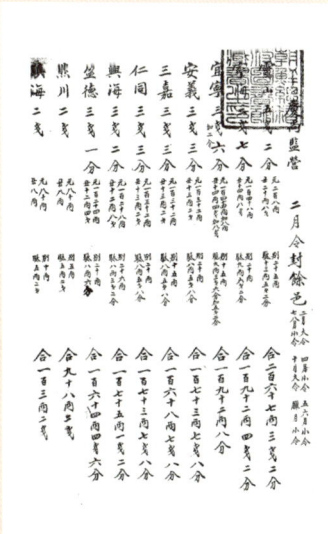

**그림 12**
『심약사례』 본문, 국립중앙도서관 소장

어공御供(임금에게 물건을 바침)의 막중함은 생각하지 않고 한갓 자기만 살찌우는 간사한 계책을 부려 거짓을 바꾸고 진실을 꾸미고, 작은 것을 부풀려서 큰 것을 만들어 눈을 현란하게 하는 모양만 취하여 약성藥性이 어긋날 뿐만이 아닙니다. (중략) 만일 쓰기에 적합하지 않으면 내쳐버리고 다시 구하여 기필코 진품을 얻은 뒤에야 비로소 받들어 올린다면, 인삼 상인들이 간악한 짓을 하는 폐단이 어디에서 생겨날 수 있겠습니까. 고을들이 이렇게 하지는 않고 흐

리멍덩하게 보아 넘기면서 의생에게 일체 맡겨버린 뒤에 인삼의 품질이 진짜인지 가짜인지 조금도 살펴 단단히 살펴 타이름이 없이 한 번 포기해 버린 채 그들에게 나쁜 선례를 만들도록 내버려둡니다. 이에 의생은 요행으로 미봉책을 쓰고 인삼 상인은 부당 이득을 얻는 데 빠져 거짓을 용인하고 간계를 부림이 갈수록 더욱 심해집니다.

―『심약사례』 계미년(1823, 순조 23) 7월 관문

제도 심약은 녹봉을 받지 않았다. 그러나 이는 국가 재정에서 받지 않을 뿐이며, 지방의 재정과 서리에게서 급료와 물품을 제공받았다. 심약은 약재를 내의원 등에 진상하는 과정에서 특히 녹용과 인삼 등 고가 약의 진상 과정에서 이익을 도모하곤 하였다. 종9품 직임에도 높은 품계의 의관들이 부임했다는 사실은 그 자리가 재정적으로 도움이 되었음을 시사한다.

## 당시 의학의 표준, 의학 교과서

의과와 의원 취재의 시험 과목은 나라에서 인정한 의학 교과서이며 당시 의학의 표준이다. 여기에서 나라라는 것은 국왕을 말한다. 역사적으로 볼 때 의학은 임상 경험의 축적과 질병에 대한 이해도가 높아짐에 따라 이론과 기술이 변화되고 발전되었다. 의학 교과서로 쓰인 책의 종류는 『세종실록』에서 처음 구체적으로 언급된 이래로 추가되고 보완되는 과정을 거쳤다. 그러다가 1차로 성종 때 간행된 『경국대전』에서 일단락되었다.

『경국대전』의 의과 과목은 국전을 비롯하여 11종이었다. 취재 과목은 일반의는 12종, 침구의는 10종인데, 공통 과목은 4종이었다. 조선 사람이 저술한 책은 『창진집』·『태산집요』·『구급방』의 3종류였다. 이들 3종은 모두 분과 의학서로 구급의학, 두창(천연두) 치료, 산과의학 분야인데 이러한 흐름은 이 시기에 시작되어 선조 대까지 이어졌다. 당시 위정자들이 이 세 분과 의학을 중시했음을 엿볼 수 있다. 중국 후한後漢 시대 이후로 동아시아 의학에서 중요한 지위를 누려온 상한傷寒 전문서가 교재에서 제외된 점도 독특하다. 상한傷寒이란 한의학에서 외감열병外感熱病을 아우르는 용어이다. 이후 조선 말까지 상한 전문서가 활용된 사례는 없다. 우리와 달리 당시 중국에서는 국가 의학 교과서인 『의종금감醫宗金鑑』에 상한에 관한 편이 별도로 존재했고, 사찬 상한 전문서도 많이 간행되었다.

『경국대전』 간행 이후 16세기까지 의서의 간행과 배포 기록으로 보아 의학 교과서의 큰 변동은 없었다. 큰 변화는 임진왜란 직후에 있었다. 주요 분과 의학서 3종이 실전되어, 허준許浚이 이를 대신할 3종의 책인 『언해두창집요諺解痘瘡集要』, 『언해태산집요諺解胎産集要』, 『언해구급방諺解救急方』을 저술하였고, 오류가 많던 『찬도방론맥결집성』을 교정한 허준의 새 책도 간행되었다.

> "지난 신축년(1601) 봄에 성상께서 신에게 하교하여 평상시에 『태산집』・『창진집』・『구급방』이 간행되었으나 전란 후에 모두 없어졌으니 너는 마땅히 의방醫方을 가려 모아서 세 가지 책을 만들어라."
>
> — 『언해두창집요』 발문

허준의 3종 의서 언해 작업과 『찬도방론맥결집성』에 대한 교정 작업은 이 책들이 의과와 취재의 강서였다는 점과 결부시켜 볼 필요가 있다. 발문 등에 나타난 이들 의서의 편찬 경위도 선조 임금의 명이었다. 활용도가 떨어지는 책들이라면 굳이 국왕의 명으로 언해

작업을 하고 편찬할 이유가 없을 것이다.

18세기 중반의 국가 법전인 『속대전』에서는 의서가 7종으로 줄었다. 기존 의학 교과서에서 6종이 빠지고, 『소문』·『의학정전醫學正傳』·『동원십서東垣十書』의 3종이 새로 들어갔다. 취재 과목은 변화가 더 큰데, 의원 취재에서 『자생경』·『십사경발휘』가 빠지고, 침의 취재가 의원 취재로 합쳐지면서 『침경지남』 등도 강서에서 제외되었다.

『혜국지』를 보면 녹시 과목은 『속대전』과 같다. 권장청의 과목에 기존에 언급되지 않은 『의학입문醫學入門』과 『원병식原病式』이 처음 교재로 채택되었다. 정조 대 국가법전인 『대전통편大典通編』은 『속대전』 이후의 변화가 없다.

『의학입문』은 명나라 이천李梴이 1575년에 19권으로 저술한 종합의서이다. 『혜국지』를 보면 권장청에서 고강 과목으로 언급된다. 이 책은 『의림촬요속집』에 인용되고 있어, 조선으로의 전래 시기는 선조 후반 시기로 추정된다. 조선판은 전라감영에서 초간 된 이후 여러 차례 중간되는데 초간 시기는 1636년(인조 14) 이전으로 추정될 뿐 정확하지 않다. 긴행 기록으로 보아, 정조 대 이전에 이미 고강 강서로 활용되었을 가능성이 있다.

18세기 의학 교과서의 가장 큰 특징은 명대 의학의 도입에 있다. 의과 과목에 『의학정전』이 들어갔고, 강서 과목에도 『의학입문』이 처음으로 들어갔다. 다른 특징은 방서보다는 전문의서와 종합의서 위주라는 점이다. 기존 시험 과목 중에서 방서는 『직지방直指方』1종만 남고 모두 제외되었다. 조선 후기 증치의학이 강조되면서 경험 방서가 교과서의 지위를 잃게 되었다. 또 금원사대가의 의학 저작이 강서로 다시 활용된 점도 특징적이다. 세종 대 활용되었던 금원사대가의 저작이 18세기에 다시 활용되는 것이다. 이고와 주단계뿐 아니라, 유완소의 『원병식(소문현기원병식)』도 혜민서 권장청에서 교재로 활용되었다. 『의학정전』의 경우도 금원사대가의 영향이 짙은 저작이다. 조선의학사에서 금원사대가 의학이 『의림촬요』를 통해 일차 정리되고, 『동의보감』을 통해 완전히 흡수된 바 있다. 이러한 17세기의 성과를 바탕으로 18세기에는 금원사대가의 저작들이 교과서의 지위를 회복하는 것이다.

1834년(순조 34)부터 『의학입문』이 의과 과목으로 정식화되었다. 19세기 『의학입문』을 제외하면 의서 과목의 변화는 없었다. 특기할 점은 청대 의학자의 저작은 의과가 폐지되기까지 반영되지 않았다는 점이다. 두창(천연두)과 마진(홍역) 등 감염병 치료에 관련된 청대 의서가 다수 수입되고, 지방 감영에서 간행되는 사례도 있었지만, 국가 의학의 표준으로 자리매김하지 못했다.

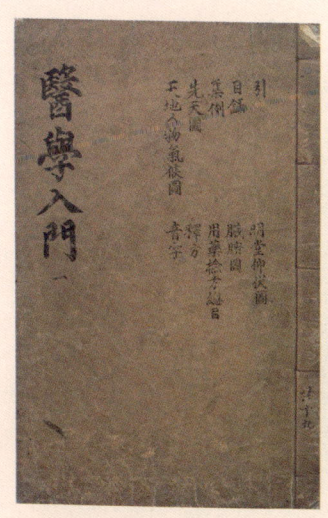 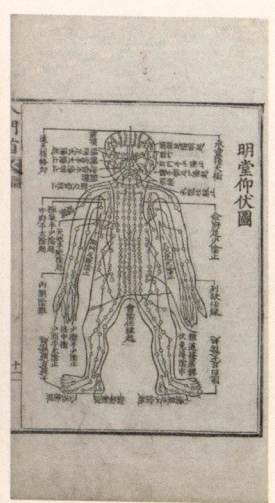

**그림 13**
1820년(순조 20) 『편주의학입문』 표지와 본문, 국립중앙도서관 소장

"의학과醫學科의 강책講冊 중에서 『동인경』을 배송背誦하는 일은 그 유래가 이미 오래되었습니다. 침구와 탕액이 두 갈래로 나누어지게 된 이후 『동인경』을 치우치게 폐지하기는 부당하다 하더라도 또한 오로지 숭상할 필요는 없을 것입니다. 그런데 의서 가운데에 이른바 『의학입문』은 실로 이것이 의가醫家의 학설을 하나로 모아 완성한 것이고 후학의 방향을 인도해 가리킨 것입니다. 무릇 편작扁鵲·화타華佗의 의술을 배우는 자는 이 책에서 공부를 시작하고 이 책에서

힘을 얻은 다음에야 비로소 그 의술을 행할 수 있을 것이니, 의학에 긴요 절실한 것은 이 책만 한 것이 없습니다. 삼가 상고하건대, 『대전통편』의 잡과 조에 의과의 강서가 본래 11책이었는데, 지금은 8책이 되었고, 역과·음양과·율과 등 여러 학문의 강하는 책도 또한 때에 따라 이혁釐革한 것이 많이 있어서 더하거나 지워 변통하여 그 사례가 일정하지 않았습니다. 신의 생각에는 다음 갑오년(1834, 순조 34) 식년시에 시행할 의과 초시로부터 시작하여 『의학입문』과 『찬도』를 동시에 배강背講하고 『동인경』은 면강面講을 하되 9책으로 정해 영구히 시행한다면, 권과勸課하는 방법에 있어서 참으로 실질을 힘쓰는 길이 될 것이니, 청컨대 대신에게 물으시어 처리하소서."

— 『순조실록』 권32, 순조 31년(1831) 8월 30일 기유

널리 보급되어 의사들에게 읽힌 의서임에도 의과와 취재 과목으로 채택되지 아니한 사례가 있다. 바로 허준의 『동의보감』과 허임許任의 『침구경험방鍼灸經驗方』이다. 이들 책은 첫 간행 이후, 조선의 의사라면 누구나 구해보고 참고하는 의학서의 지위에 올랐다. 그런데 왜 이들 의학서가 왜 교과서가 되지 않았을까? 조선 전기처럼 경

험방이나 대형 방서 위주의 체제였다면 이들 의서도 포함되었을 가능성이 크다. 그러나 후기의 의학 교과서는 기초 이론서 위주로 재편되었다. 또한 『동의보감』과 『침구경험방』은 입문용 의서로서는 적합하지 않았다. 임상에 유용한 의서라 해서, 기초를 쌓는 의학 입문에 유용하지는 않다. 그럼에도 이 두 책은 임상 의사들에게 지대한 사랑을 받았고, 이 책과 관련하여 많은 필사본이 만들어졌다. 특히 『동의보감』은 의과 필수 과목이 아님에도 임상 의사를 넘어서 의학 교양 지식을 쌓으려는 지식인들에게도 필독서가 되었다. 그리하여 조선 후기 사대부가의 장서 목록을 보면 『동의보감』은 대개 한 자리를 차지하였다.

조선 후기 의학 교과서는 관청에 의해 출간 보급되고, 민간 시장을 통해서는 확산 보급되지 못하였다. 만약 인맥으로 선물 받는 지위에 있거나, 의학 생도와 같은 의료 양성 시스템 내에 있지 않으면, 간행된 의학서를 접하기는 어려웠다.

## 조선 바깥으로의 여행, 사행 의원

사행 의원이란 중국이나 일본으로 가는 사신단에 배속되어 따라가는 의원을 말한다. 중국으로 떠나는 사행을 청나라의 수도 연경으로 가는 의원이란 뜻으로 부연 의원赴燕醫員, 또는 단순히 수도로 가는 의미로 부경 의원赴京醫員으로 부르기도 하였다.

조선 후기 중국에 파견되는 사행은 정기 사행인 동지사冬至使와 비정기적인 사은사謝恩使, 주청사奏請使 등이 있었다. 정기 사신은 절사節使라 불렀는데, 이를 따라가는 의원은 절사 의원이라 불렀다. 동지사행에는 의원 한 명을 같이 보내는 것이 규례였는데, 전의감과 혜민서가 번갈아 의원을 임명하여 보냈다. 만약 어의가 아닌 의원인데 전력을 알 수 없는 사행 의원은 양의사 출신으로 볼 수 있다. 동지사행 의원은 매년 6월 15일에 차출되어 동지 절기 즈음하여 중국에 머물렀다. 따라서 사료에 기록된 사행 의원은 전년 6월 15일부터 해당 해 초까지 전년도 한 해의 동지사행 원역이었다. 의원은 적당한 사람 중에서 가본 자와 가보지 않은 자를 구분하여 보냈다. 그런데 사료를 보면 고종 대의 박유근朴有根 같은 경우는 3차례나 사행 의원이 되며, 2차례 사행 의원이 된 이도 5명에 이른다. 현재 알려진 수만 이 정도이니 더 많았을 것이다.

그런데 대신이나 정1품의 종실 또는 부마가 사신으로 갈 때는 격을 높여서 어의 한 명을 특별히 추가로 보냈다. 즉 어의 한 명과 의관 한 명이 동행하였다. 1697년(숙종 23) 이전에는 특별히 보내진 어의 정원은 2명이었는데 비변사의 계사로 인하여 1명으로 줄였다. 어의가 가게 되면 내의원의 서원書員 1명을 동반하였다.

일본으로 가는 사신은 통신사通信使라 불렀는데, 통신사행에도 의원을 배속하여 보냈다. 통신사행의 의원은 2명이었는데 전의감과 혜민서에서 1명씩 보냈다. 규정에는 이외 의원 1명을 추가하여 보낼 수 있었다. 1682년(숙종 8) 일본의 요청에 따라 의술에 정통한 이를 뽑아 보냈는데 이를 양의良醫라고 따로 불렀다.

사행을 따라가는 의원은 당연히 사행단에 속한 인원을 치료하려는 목적이었으나, 절사 의원은 호조로부터 돈을 받아 무역하여 내의원에 가져다주는 역할도 하였다. 이 때문에 절사 의원을 약재藥材무역의원貿易醫員이라 부르기도 하였다. 약재를 무역할 때에는 중국어를 하는 고위직의 통역관이 함께하였다. 『혜국지』를 보면 사행 의원의 명칭은 출강사신出彊使臣 구료관救療官이다.

앞서 심약의 사례에서 보았듯 약재 관련된 업무는 이익을 도모할 행위를 유발할 틈이 있었다. 내의원에서 활용될 공무역 외에도 사무역이 이루어지고 생계에 도움을 주었다는 것은 분명하다. 중국 사행을 통해 필요한 중국산 약재를 구하는 것은 15세기 전반에 이미 시작되었다. 처음에는 종사관이 무역 주체였다가 의약 전문가인 의관이 이를 담당하게 되었다. 다만 중국과 조선의 관계가 원만하지 않은 경우, 약재의 자급화가 강조되는 시기도 있고, 왜란과 호란 이후 국가의 지방 지배가 약화되는 면, 상업의 발달에 따라 사무역의 비중이 높아지는 점도 있어 시기별로 사행 무역 성격의 차이는 있다.

　동지사행 의원은 총수가 300여 명 정도로 추정되는데, 이 중 사료를 통해 20% 남짓의 실명이 확인되었다. 이를 통하여 동지사행 의원의 집안이나 이전에 역임한 관직 등을 조사할 수 있다.

　어의를 제외한 동지사행 의원은 전의감 정을 지낸 이대영李大榮도 같은 이도 있으나 전의감 출신은 대개 직장 이하이고, 혜민서 출신은 교수와 주부 등의 관직자가 많다. 그러나 특정 관직이 통계적으로 의미가 있게 많은 것은 아니다. 의과 등제자 비율은 17세기에 비해 후대로 가면서 감소하나 유의미한 수치는 아니다. 즉 절사 의원 파견과 의과 급제는 별 관련이 없다. 관품官品의 경우, 절사 의원 다수의 관계官階를 알 수 없어 정확하진 않으나 별유어의를 제외하면 품계가 그다지 높지 않고 이후 역임한 관직도 대단치 않다. 따라서 사행 의원을 다녀왔다고 해서 출세한다는 것은 아니었다.

가계 미상인 경우를 제외하면 대개가 기술직 중인 가계 출신이었다. 17세기 후반 이후 중인기술직 가계의 비중이 높아지는 것은 양의사 의관의 구성이 이들 중심으로 편제되는 것과 관련된다. 대표적인 의관 가계인 전주이씨 완창대군파 출신이 한 명도 없는 점은 주목할 만하다. 그 외에도 유력 기술직 중인 가계들은 절사 의원 책무를 회피하였다. 경주최씨 화숙공파와 경주정씨 문헌공파 각 한 명을 제외하면, 밀양변씨 중파, 온양방씨 판서공파, 태안이씨 부호군 견계, 온양정씨 고성군파, 김해김씨 수량계, 홍천피씨, 직산최씨 수장계는 아무도 없다. 천녕현씨는 별유어의로만 참여하였다. 이들 11가계가 지금까지 알려진 조선시대 의관 전체에서 다섯 중 하나를 차지하는 반면, 별유어의를 제외하면 사행 의원 중에서 이들 가계 출신은 단 2명에 불과하다.

즉 약재 사무역을 통해 얻는 이득이 절사 의원에 참여하고자 하는 동기는 되지 못했다.

왜 그러했을까? 사행 무역을 이끈 핵심 세력은 통역관이었다. 그들이 사행 중에 하는 역할과 교역상 영향력은 매우 컸다. 절사 의원의 역할은 내국의 공무역을 벗어나면 제한적이었을 것이다. 현지인과의 의사소통 문제 등 여러 요인이 제한의 요인이었다. 더구나 18세기 후반 조선의 대청 무역은 청나라와 일본 간 직교역으로 인하여 조선의 중개무역이 급격히 쇠퇴하였다. 이후 성장하게 된 것이 인삼 무역 등을 토대로 한 사상私商 무역으로 사행과는 큰 관련이 없었다.

부친이 의료 관청에 종사한 비율은 부친이 다른 직역에 종사한 비율과 비슷하다. 별유어의를 제외하면 부친의 관직이 종6품 주부, 종7품 직장에 그치는 사례가 많았다. 이를 보더라도 배경이 좋은 의원들은 절사 의원이 되지 않았다. 절사 의원에 참여하는 가계들은 특정한 가계 출신이 아니며 다양한 가계 출신이 참여하고 있다. 이 또한 부경 의원이 이익을 추구하기에는 적당하지 않았다는 간접적 증거이다. 또한 재미있는 점은 외가 가계가 의관보다는 역관 가계가 많다는 점이다. 처가 가계는 의관과 역관의 비율이 비슷하게 나오는데 표본 수가 적어서 큰 의미는 없다. 그러더라도 이러한 가계 배경은 역관이 사행 무역의 중심이고, 사행 일정과 사행에 따른 이익에 대한 정보를 역관 가계와 연관된 이들이 사전에 얻었을 가능성도 있을 것이다.

사행시 연령을 알 수 있는 의원은 20여 명인데 20대에서 50대 중반까지 다양하게 있으며 특정 연령대가 많지는 않다. 이를 보면 사행시 연령에 대한 별도의 제약은 없었다.

사행 의원들 중에는 일기를 남기는 이들도 있었다.

예를 들어 19세기 중반 황도연黃道淵의 『연행일기燕行日記』가 있다. 황도연은 의약동참의를 지낸 어의로 『방약합편方藥合編』을 저술하였다. 황도연은 1849년(철종 즉위)에 승하한 헌종의 시호와 뒤를 이어 즉위한 철종의 승습承襲을 청하기 위한 사신단에 포함되었다. 당시 정사가 종1품 판중추부사判中樞府事 박회수朴晦壽였으므로 별유어의로서 따라가게 되었다.

> 기유년(1849) 7월 초 4일 태의太醫로서 특별히 천은을 입어 이에 대신을 예우하며 수행하게 되었으나 또 한 번 크게 돌아보는 것은 내가 평생 바라던 바였다. 이달 7월 17일에 경성을 떠나면서부터 9월 9일에 비로소 황성에 도달하기까지 지나온 곳과 궁실宮室의 장려함과 인구와 물자의 풍부함은 실로 글로 다 말할 수 없고, 말로도 형용할 수 없다. 강을 건너던 날로부터 시작하여 사행을 간 여정을 다음에 대략적으로 실어둔다.
> 
> —『연행일기』 자서

황도연의 『연행일기』 자서를 보면 사행 의원에게는 승진과 금전적 이익이 아니더라도, 조선에서 볼 수 없었던 선진 국가를 경험하여 생기는 견문의 증진이라는 이점이 있었다.

황도연 외에도 주명신周命新도 연행 관련된 시집인 『옥진재시고 玉振齋詩稿』를 남겼다. 주명신은 정조 때 의약동참의를 지낸 어의로서, 의학서 『의문보감醫門寶鑑』의 저자로도 알려져 있다. 그는 1780년(정조 4)과 1784년(정조 8) 중국 사행에 참여하였다. 1780년 사행의 결과 쓰인 연행록 중에 박지원朴趾源의 『열하일기熱河日記』가 있으며, 이 작품에도 "주주부周主簿"로 등장한다.

숙종조 어의였던 이시필李時弼은 사행을 다녀와서 『소문사설謏聞事說』이란 독특한 책을 남겼다. 이 책은 새로 보고 배운 구체적이고 실용적인 지식을 정리하여 만들었다. 의약 내용만을 다루지 않고 다양한 기술과 지식을 포함하였는데, 벽돌로 만든 온돌 제작법, 여러 생활 도구 제작법, 식치방食治方, 기타 다양한 방법이다. 예를 들어 다음은 마취하는 방법에 관한 내용이다.

> 막북漠北 회회回回 지방에 압불로라는 풀이 있는데, 그곳 사람들이 이 풀 약간을 갈아서 술에 넣어 마시면 온몸이 죽은 것처럼 마취되어 칼이나 도끼로 찔러도 알지 못한다. 사흘이 지나서 해독제를 투여하면 깨어난다. (중략) 골절과 탈골을 치료할 때는 초오草烏를 마취약으로 쓰고 해독제로는 생강을 쓴다. 또 만다라화라는 것이 있다. (중략) 그 꽃

을 따서 화마자火麻子 꽃과 똑같이 섞어 그늘에서 말려 가루로 만든다. 이것을 살 익은 술에 타서 석 잔을 마시면 잠시 후에 취한 듯 몽롱해진다. 종기를 째고 뜸을 놓을 때 먼저 이 약을 먹으면 아픈 줄 모른다.[1]

―『소문사설』 마법麻法

 통신사행 의원은 절사 의원과는 업무에 있어 차이가 있었다. 먼저 약재 무역이 필요하지 않다는 점, 조선의 의학이 일본의 의학보다 선진이므로 일본인들이 조선의 의학을 배우려 했다는 점이다. 통신사 일행은 300명에서 500명에 달하였다. 이들이 반년 동안 왕래하는 일정에서 이들의 진료는 당연히 의원의 몫이었다. 이러한 이유로 통신사행 의원은 3명으로 정원이 절사 의원보다 많았다.
 통신사행 의원은 절사 의원에 비하여 풍부한 자료 덕분에 대부분의 의원 명단이 밝혀져 있다. 의과에 합격한 인원은 40%에 달하는데, 양의 정원이 생긴 1682년(숙종 8) 이전 시기에 대부분이 집중되어 있다. 통신사행 의원 또한 절사 의원처럼 주요 의관 가계 출신은 없다. 중국이든 일본이든 사행 수행 의원 역할은 선호되지 않았다. 사행 의원의 연령은 40대 이하로, 절사 의원보다 낮다. 일본에서 양의의 조건으로 "나이가 든"이라는 조건을 한 것도 이러한 이유로 보인다. 『증정교린지增訂交隣志』를 보면 통신사행이 지참했던 약재가 나온다. 총 55종류로 길경·방풍·백작약·적작약·창출·백출·욱리인·황기·백렴 등의 약재는 5근 이상을 가져갔다. 뱃길과 섬 지방이라는 상황을 감안하여 소화기 계통과 외감성 질환 등을 치료하는 효능을 가진 약재들이다. 이들 약재는 대부분 경상도에서 배정하여 공출하였고, 일부만 양의사와 황해도에 배정하였다.

통신사에 참여했던 의원들은 일본인들과의 의학 관련된 문답을 하였고 그에 따른 책들이 남아, 당시 조선과 일본의 의학 문화에 대한 많은 정보를 남겼다. 다음은 1719년(숙종 45) 조선통신사행으로 파견된 일행들이 일본인들과 글로 주고받은 필담筆談을 편집한 『상한창화훈지집桑韓唱和塤篪集』의 한 대목이다. 우리나라가 중국에 약재나 의학 관련 질의를 하였듯이, 일본인들이 우리나라 의학 전반에 대해 질문을 하는 내용들이 많다.

> 질문: 일본의 풍속에는 초산이든 경산經産이든 모두 임신 4개월이 되면 반드시 베로 만든 띠로 복부를 졸라매어 (중략) 귀국에도 이런 일이 있습니까?
>
> 대답: 우리나라에서는 백성들 사이에 이런 방법을 사용하기도 합니다. 그러나 이 방법은 태기胎氣를 방해하기

도 하고, 때때로 이 때문에 태아를 다치게 하기도 하므로 사대부 집안에서는 절대 사용하지 않습니다.

질문: 두창(천연두)이 나은 뒤에는 목욕을 삼가라고 전대의 의사들이 경계했습니다. 그러나 일본의 풍속에는 부스럼이 모두 딱지가 된 뒤에 쌀뜨물이나 술을 각각 조금 뜨거운 물에 섞어서 목욕합니다. 이렇게 하는 것은 딱지가 쉽게 떨어지고 흉터가 쉽게 아물기 때문이라 합니다. 예나 지금이나 똑같아 하나의 처방으로 인정되어 의사가 금지할 수 없고 두창을 앓은 사람에게도 해로움이 없습니다. 귀국에서도 그렇게 합니까?

대답: 의사들은 두창을 치료한 뒤에 목욕하는 것을 매우 경계하였는데, 우리나라 민간에서도 목욕을 하기도 합니다. 그래해도 덧나지 않은 것은 아마 아이가 건강한 몸을 받고 태어났기 때문일 것입니다.[2]

—『상한창화훈지집』 권3

일본 문사와 잦은 접촉이 있었기에 통신사행 의관들은 필담을 하고 한시를 지을 수 있는 한문 소양을 갖추어야 했다. 그러기에 양의는 단순히 의학 실력만 요구되는 것은 아니었다.

# 3

## 양반과 중인, 의원으로 살기

## 몰락 양반, 살아남다

의학의 도가 위대하도다! 천지자연은 만물을 생생生生하려는 마음으로 마음을 삼아 원기元氣로 만령萬靈을 기르되, 미처 완비하지 못한 것을 의사가 목적대로 완성하고 천지의 의도대로 돕는 것은 즉 옛날 보곤補袞의, 즉 재상이 될 만한 학설입니다. '소도小道'라는 말은 공자 제자인 자하子夏로부터 나왔는데, 당시에는 구구하게 주희朱熹의 주석처럼 의학, 점술, 농학農學을 직접 지적한 것은 아니었습니다. (중략) 신농 씨는 목석木石 등 약을 시험하였고 황제는 『내경』을 서술함으로써, 백성의 명命을 으뜸으로 삼았으니, 모두 농업, 복서卜筮, 의약, 의학 등 네 가지 사업의 실마리가 시작된 것이다. 여러 성인께서 모든 백성을 솔선하여 인도하셨으니, 어찌 군자로서 하지 않을 일, 즉 소도小道를 하신 것이겠습니까! 선철先哲은 '선비가 곤궁하거나 영달하건 간에 그 성취에서 의사와 재상을 함께 말한다.'라고 말하여 의사와 재상을 똑같이 좋은 훈계로 삼았으니, 어버이를 섬기는 자가 의학을 알지 않으면 안 됩니다.[3]

—『의학통종醫學統宗』잡록

유의儒醫란 일반적으로 유교적 사상을 바탕으로 의학의 이치를 연구하는 이들을 말한다. 유의 중에는 의료 기술이나 지식에 정통한 이도 있었고, 개인적인 관심이나 흥미로 연구하는 이 등 다양한 부류가 있었다. 유의들은 한문에 대한 소양이 높았고, 한문으로 된 의서에 대한 이해도도 높았다. 또한 경험에 그치지 않고 이를 임상 경험을 아우를 수 있는 이론을 만들거나, 다시 후대를 위하여 책을 저술하는 경우가 많았기에, 의료의 수준을 높일 수 있게 도움을 주었다.

유의가 된 이유는 여러 가지였다. 가업을 계승하는 경우, 학문적 호기심으로 접근하는 경우도 있었다. 그런데 조선 후기 들어 유의를 넘어서 의사를 직업으로 삼는 업의들이 양반가에서도 생겨났다.

먼저 권력 투쟁의 여파로 몰락하게 된 집안 출신이 과거를 통한 '입신양명立身揚名'의 길이 막히자, 생계를 위하여 선택한 경우가 있었다. 유학을 통한 길이 우선이겠지만, 대안으로 사람의 생명을 살리는 길 또한 '측은지심惻隱之心'을 지닌 유자의 길로서 나쁜 것은 아니었다. "유가가 의가醫家 따위를 소도小道라 부르는 설이 합당한가"에 대한 명나라 의과 시험 답안지를 통하여, 유의라는 선택의 사상적 배경이 무엇인가 알 수 있다. 한마디로 성공 수준으로 보자면 의사와 재상은 같다는 것이다.

순조 때의 이종인李鍾仁은 중종中宗의 3남인 금원군錦原君의 8대손으로, 증조부는 덕흥대원군(선조의 아버지)의 봉사손을 지내기도 했으며, 정3품 돈녕도정敦寧都正을 역임한 종실이었다. 이종인의 조부는 문과에 장원하여 병조 좌랑을 지낸 이시희李時熙인데 1755년(영조 21) 을해옥사 때 추국 중에 죽었고, 이어 동생도 형신刑訊을 받다가 죽었다. 그러면서 이종인의 집안은 몰락하여 급제를 통하여 벼슬길에 나아갈 수 없게 되었다. 이종인의 생애는 조부의 명예를 회복하는 일과 인두법人痘法을 실제 임상에 보급하여 당시 최고의 감염병인 두창을 예방하고자 했던 일로만 서로 이어져 있다. 인두법이란 두창 환자에게서 균을 채취하여, 관을 통하여 코에 두창 딱지를 넣어서, 약하게 두창을 앓아 면역을 만들게 하는 방법이다. 좀 더 안전한 우두법이 보급되기 전에 사용되었던 두창 예방 방법이다. 인두법을 보면 예방접종이 근대 서양의학의 유산만은 아닌 셈이다.

이종인은 결국 조부의 명예를 회복하는 데 성공하였고, 그의 후손들은 다시 벼슬길에 오르게 되었다. 그의 의사로서의 학술적 성과는 노년에 저술된 우리나라 최초의 인두법 전문서인 『시종통편時種通編』에 반영되었다.

『임신진역방壬申疹疫方』을 저술한 임서봉任瑞鳳은 경종 때의 유의로 참판 임유후任有後의 종손이었다. 그는 운기運氣를 활용한 치료로 명성이 있어 부사용副司勇과 능직장陵直長 직을 받고 왕실 진료에 참

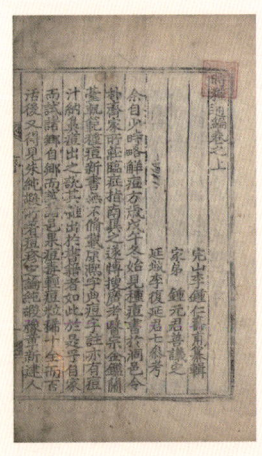

**그림 14**
『시종통편』 본문, 국립중앙도서관 소장

여하였다. 내의원에 소속되어 정규직 의원이 되는 의약동참의와 내침의 제도 외에, 임시직을 주어 유의들이 왕실 진료에 참여시키는 사례들이 있었다. 문헌에서는 이들을 그냥 '유의'로 지칭하였다. 이렇게 지칭된 유의는 의약동참의와는 정규직이냐 임시직이냐의 차이인데, 하는 업무에서는 큰 차이가 없었다. 다만 신분상 철저하게 사족 출신이었다는 점이 다르다. 의약동참의는 기술직 중인 가계 출신도 많았다. 그런데 임서봉은 1728년(영조 4) 무신란과 관련되어 처형되었고, 집안이 몰락하게 되었다. 그의 아들 임응회任應會는 연좌되어 전라도 남원으로 유배되었다. 18세기 중반 의약동참의 황도연의 『의종손익醫宗損益』에 임응회의 처방인 사물황구환四物黃狗丸

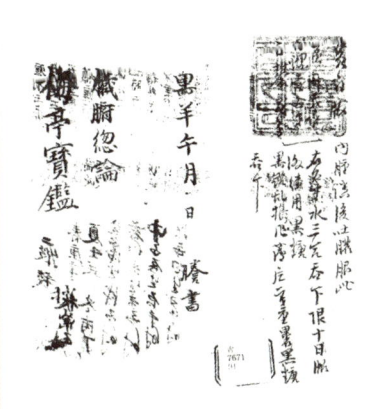

그림 15
『매정보감』 본문, 국립중앙도서관 소장

이 실려 있어, 임응회가 이후에도 의사로 활동했음이 확인된다. 역모에 연좌되었기 때문에, 과거로 출세할 방도는 없었고, 전업 의사의 길은 당연한 선택이었을 것이다.

정치적으로 몰락하지 않더라도 경제적 이유로 의업에 종사하기도 하였다. 예를 들어 전라도 남원 출신의 한방렬韓昉烈을 보자. 그는 1814년(순조 14)에 『매정보감梅亭寶鑑』이라는 두창 전문서를 저술하였다. 그의 집안은 증조부는 종6품 찰방察訪을 지냈고, 조부는 정5품 통덕랑通德郞의 관품이었으나, 그 이후로는 관직에 오르지 못하였다. 그는 전라도 지역에서 인두법을 활용한 두창 예방 활동을 하였고, 소아 두창을 전문으로 치료하였다.

3. 양반과 중인, 의원으로 살기　　123

## 의약은 필수 교양

작년에 관직에서 물러나 하촌河村[하회마을]에 머물게 된 후 질병이 있어도 치료할 수 있는 의원과 약재가 없어 다시 『의학입문』의 침구편을 보았더니 경맥에 따라 경혈의 주치主治가 하나하나 상세하게 실려 있었다. 그에 따라 치료하여 효과를 보기도 하였으니 약을 먹을 때보다 더욱 좋았다. 침구법을 조금 아는 시골 사람이라면 책을 보고 경혈을 찾아 스스로 병을 치료할 수 있으니 번거롭게 약을 달일 필요가 없었다. (중략) 그리고 앞으로 한글로 번역하여 한문을 배우지 못한 이들이 보더라도 이해할 수 있도록 하려고 한다.

—『침경요결鍼經要訣』서문

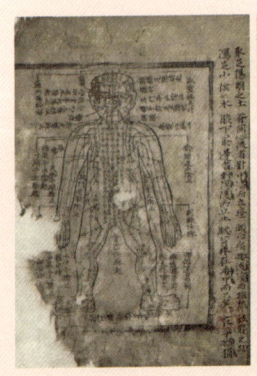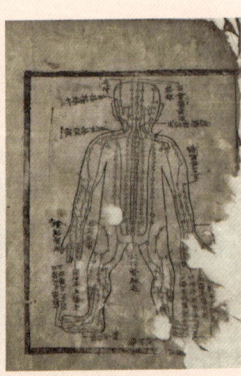

그림 16
『침경요결』본문,
국립중앙도서관 소장

위의 글은 서애 류성룡柳成龍이 저술한 『침경요결』의 서문이다. 그는 이 외에도 『의학변증지남醫學辨證指南』이란 의서를 저술하였다.

유의 중에는 이처럼 학문적 호기심으로 또는 '인仁'이라는 관점에서 접근하는 이들도 많았다. 한성부를 제외하면 지방에 실력이 좋은 의사가 부족한 상황에서, 기본 의약 지식은 향촌 생활에 필수였다.

유의들은 자신의 지식을 담은 의약 관련 저작 저술을 남겨왔다. 조선 후기 들어서 더 많은 책이 저술되었고, 전문 의학서 수준은 아니더라도 교양서로 보급되었다. 그 대표적인 책이 18세기 초반 홍만선洪萬選의 『산림경제山林經濟』이다. 『산림경제』는 비슷한 부류의 책들이 나올 만큼 베스트셀러였고 이후의 책들에 많은 영향을 미쳤다. 예를 들어 전라도 능주(현 전남 화순 능주면)의 한석효韓錫斅가 1849년(헌종 15)에 저술한 『죽교편람竹僑便覽』은 양생養生 관련 내용을 『산림경제』에서 상당 부분 채록하였다. 한석효는 17세기 초 이래 전라도 화순 등지에 세거하던 사대부 가계 출신이었다. 책의 내용으로 볼 때 의사를 생업으로 하지는 않았고, 시골 선비로서 교양으로 의약 지식을 익혔다. 지방에서는 전문적인 의사도 약도 부족하였기 때문이다.

의약의 방법은 구황 다음에 기록해 두었다. 흉년의 재해는 기후의 부조화에 연유하고, 구황의 법은 음식의 부적절에서 살필 수 있다. 기후의 부조화와 음식의 부적절이 만나면 질병의 빌미가 되어 질병을 앓게 되니, 의약으로 구하지 않으면 안 된다. (중략) 아! 내가 능주 동쪽 대락산大樂山 아래에 은거하게 되어, 후미지고 궁벽한 마을을 보니, 성읍에서 멀고 약도 부족하였다. 글방 사람이 갑작스레 질환이 생기거나 급히 구해야 할 증에 앉아서 볼 뿐 방법이 없었다 마음에 깊이 근심되고 측은하여 이에 다른 경험방 같은 책을 모아, 가정마다 만들어서 쓰는 약을 쉽게 구분할 수 있게 하였다.

—『죽교편람』 의약편 서문

의약만을 다룬 의약서 저술도 이어졌다. 이러한 의약서는 저자들의 시골 경험을 통해 시골에는 의약이 부족하다는 인식이 배경이 되었다. 예를 들어 다산 정약용은 『촌병혹치村病或治』를 저술하였다.

이에 그 의서 중에서 비교적 간편한 여러 처방을 뽑아 기록하고, 겸하여 『본초本草』에서 주치主治의 약재를 가려 뽑아서 해당 각 병목病目의 끝에 붙였으며 보조 약재로서 4-5품에 해당하는 것은 기록하지 않았고, 먼 곳에서 생산되거나 희귀한 약품으로서 시골 사람들이 그 이류을 모르는 것도 기록하지 않았다. 책은 모두가 40여 장이니 간략하다고 하겠으며, 이를 이름하여 『촌병혹치』라 하였다. '촌'이란 비속鄙俗하게 여긴 것이고, '혹'이라 한 것은 의심스럽게 여긴 것이다.[4]

—『촌병혹치』 서문

19세기 중후반 이경부李敬溥의 『향촌경험단방鄕村經驗單方』도 그 예이다. 이경부는 헌종 때에 문과에 급제하여 고종 때까지 대사간大司諫 등 여러 관직을 지낸 문신이다. 그는 벼슬 재임 기간이 아닌 경우에는 고향인 충청도 공주에서 지냈고, 앞서 다른 유의들처럼 시골에는 의사와 약재를 구하기 어려운 문제가 있음을 알았다. 그는 시골의 단방을 수집하면서 편의성과 민중성을 더욱 강조하였다.

약은 군사를 부리는 것과 같아서 함부로 써서는 안 되며 또 하루도 없어서도 안 된다. 다만 가난한 사람의 병에는 비싼 약재를 쉽게 쓰지 못하니, 군신좌사君臣佐使의 도를 터득해서 써야 한다. 더하여 넓게 그물을 드리워 짐승을 쫓음과 비슷해야 한다. 이제 시골에서 경험한 향촌 단방을 뽑아서, 한둘의 견문을 섞어 덧붙여서 이름을 '향촌경험단방'이라 붙

**그림 17**
『향촌경험단방』 표지와 서문, 개인 소장

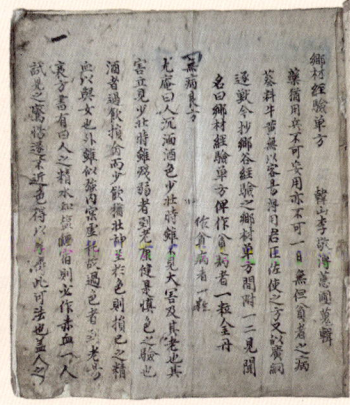

이고 쓰기를 끝마쳤다. 가난하고 병든 사람에게는 한 알의 금단金丹이다.

— 『향촌경험단방』 서문

17세기 송시열宋時烈의 제자였던 신만申曼은 아픈 아버지를 위하여 의학을 공부하기 시작하였다. 신만에게 있어 의약 지식은 단순히 이론에 그치지 않고 임상 영역까지 연결되었고, 『주촌신방舟村神方』을 저술하였다. 주촌은 충청도 진잠(현 대전 유성구 진잠동)의 지명이다.

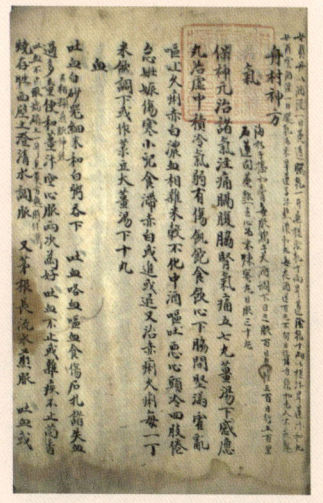

그림 18
『주촌신방』 본문, 국립중앙도서관 소장

비루한 마을의 가난한 집안에서 갑자기 여러 처방을 널리 살펴 중요한 약재를 찾아 쓰기는 어려워 끝내 손이 묶여 목숨이 다하기만을 기다림을 면하지 못하니 요절하는 사람을 구원하는 뜻이 아니다. 지금 옛 처방의 탕湯, 산散, 환丸 가운데 요긴하고 묘한 약제를 골라서 얻기 어려운 약재를 줄이고 따로 우리나라에서 생산되는 약성이 근사한 것을 첨가하여 다시 처방을 만들었다.[5]

―『주촌신방』 서문

앞서 임서봉의 예처럼 유의를 임시로 왕실 진료에 참여시키는 경우가 있었다. 의약동참의의 지위가 낮지 않다고는 하나 그 또한 의관이므로, 이를 기피하는 의술 실력이 좋은 사대부를 활용하고자 함이었다.

17세기 전라도 해남 출신의 문신 윤선도尹善道도 신만처럼 처음 의학을 입문한 까닭은 어버이의 병을 치료하기 위해서였다. 그러나 그는 의술이 일반적인 의사의 수준을 넘어서 왕실 진료에 참여하기에 이르렀다. 그는 진료에서도 여러 차례 공을 세워, 해남에 있는 그를 데려다 진료에 참여시키기 위해 말을 보낼 정도였다. 의관이 아닌 사대부 출신 유의를 이렇게 대하는 것은 드문 일이었다. 윤선도의 의약에 관한 생각은 그가 공조 판서를 사양하면서 쓴 글에 잘 나타난다.

의도醫道가 전해진 것은 그 유래가 오래되었습니다. 각 시대마다 성군과 철보哲輔[현신]가 여기에 유념하지 않음이 없었고, 예로부터 인인仁人과 효자가 모두 여기에 주의할 줄을 알았습니다. 신농이 온갖 약초를 맛보았고 황제가 침구법을 창안하였는데, 이 두 임금이 모두 성군이 아니었다면 그렇게 하였겠습니까. 이윤伊尹은 탕액湯液의 시조가 되고,

적양공狄粱公[적인걸]은 침술에 신묘하였으며, 범중엄范仲淹은 명의가 되기를 소원하였는데, 이 세 신하가 모두 현신이 아니었다면 그렇게 하였겠습니까. 이천伊川 선생이 "병들어 침상에 누워 있을 적에 용렬한 의원에게 내맡기는 것은, 자식을 사랑하지 않고 어버이에게 효도하지 않음에 비견되나니, 어버이를 섬기는 자는 또한 의술을 알지 않으면 안 된다 [病臥於床 委之庸醫 比之不慈不孝 事親者亦不可不知醫]."라고 하였는데, 주부자朱夫子[주희]가 또 그 말을 『소학小學』이라는 책에 드러내었으니, 이 두 사람이 모두 도를 알지 못하면서 그 교훈을 이와 같이 만세토록 드리울 수 있었겠습니까.[6]

―『고산유고孤山遺稿』권3 상, 소疎

조선의 가장 이상적인 군주였던 정조 또한 의서 『수민묘전壽民妙詮』을 저술하여 유의로서의 모습을 보여주고 있다. 18세기 서유구徐有榘의 『인제지仁濟志』도 '백성에게 널리 베풀고 구제하는 일'이란 책 제목처럼 유의로서의 생각이 빚어낸 저작이다.

## 서얼, 목민관으로 출세하다

지사知事 류상은 젊었을 때 의술로서 세상에 이름이 나고, 자못 재주가 있었으나 아직 묘경에 이르지 못했다. (중략) (류상이) 날이 저물 무렵에 홀연히 고개 하나를 넘어 어떤 집의 초당 앞에 서게 되었다. 초당 안에서 노인이 아들을 불러 말하였다. "손님이 노새를 티고 왔으니, 노새를 잘 먹이고, 또 손님의 저녁도 준비하라." (중략) "어른의 서책을 함부로 보지 말라." 류상은 마음속으로 매우 의심하고 괴이쩍게 여겼다. (중략) 상자에 가득하고 시렁에 꽉 찬 것이 모두 의서였다. 류상이 마음대로 이것저것 펴보고 읽어 보았다. (중략)

정오에 광주廣州 판교에 이르니 액예掖隸(별감이나 무예별감을 지칭) 십여 명이 도로에 연이어 있으면서 그를 서울에 들어가자고 하면서 말하였다. "바야흐로 임금께서 마마(두창) 증세가 있는데 꿈에 신인이 나타나 류의柳醫를 부르라고 했다." 류상이 구리개를 지나는데 한 노파가 마마를 앓은 아이를 업고 있었다. 길거리 사람들이 물으니 노파가 대답하였다. "이 아이가 흑함黑陷(마마의 위급증)으로 호흡이 통하지 않아 속수무책으로 죽기만 기다렸는데 다행히 지나가는 중이 시체(감 꼭지)탕枾蔕湯으로 치료하여 효험을 보았다."

류상이 시체탕의 이야기를 듣고 보니 어젯밤 산중에서 본 책에도 그 말이 있었던 기억이 났다. 그가 대궐에 들어가 임금을 진찰하여 보니 노파가 업고 있던 아이의 증세와 같았다. 드디어 시체탕을 올렸더니 효험을 얻어, 임금의 병세가 정상으로 회복되어, 그는 드디어 이름을 한껏 드날리게 되었다.[7]

— 『이향견문록吏鄕見聞錄』 권9, 의학 잡예

이상은 숙종 때의 명의 류상柳瑺에 대하여 『청구야담青邱野談』에 실린 이야기이다. 류상의 명성은 이야기로 전해질만큼 높았다.

1683년(숙종 9)에 숙종 임금이 두창(천연두)에 걸린 것을 치료한 이후에 류상에 대한 평가는 다음과 같았다.

김수항金壽恒이 말하기를, "만약 류상이라면 따로 노고에 보답해도 또한 불가할 것이 없겠습니다." 하고

— 『숙종실록』 권14, 숙종 9년(1683) 11월 /일 갑술

사헌부에서 차자箚子를 올려, (중략) "류상이 치우치게 특이한 은사를 받은 것은 혹 용납해도 좋겠지만, 그 나머지

의관들을 수령에 제수하라는 명은 결코 명기名器를 아끼는 도리가 아닙니다."

―『숙종실록』 권14, 숙종 9년(1683) 11월 21일 무자

류상은 황해도 관찰사를 지낸 류경집柳景緝의 서자였다. 류상은 두창 선문의시로 명성을 떨쳤고, 의약동참의로 왕실 진료에 있어서도 적잖은 공을 세웠다. 그리하여 종1품의 숭록대부崇祿大夫의 관품에 올랐고, 풍덕부사, 이천부사 등 여러 목민관도 지냈다.

당시 시약청에 참여했던 의관들 중에서 류상의 공이 큼에 대해서는 국왕, 대신, 사헌부까지도 모두 인정하고 있었다. 류상은 1699년(숙종 25)에도 후일 경종이 되는 세자의 두진 치료에 공을 세워서 품계를 두 단계나 올렸다. 류상은 서얼이라도 의술 실력이 뛰어나면 목민관을 비롯한 높은 직위로 출세할 수 있음을 보여주는 사례이다.

조선 중기 이후 의료 관청에 서얼이 종사하게 된 것은 잘 알려져 있다. 임란과 호란 이후로 서얼의 잡과에 대한 시험 응시가 많아졌다. 이러한 결과 서얼들의 의관 임명도 흔해졌다. 이 시기 의관을 조사하기 위해서는 해당 가계 족보 조사가 필요하다. 서얼은 집안 족보에서 빠지거나 소략한 경우가 많아 왕실 족보인 『선원록璿源錄』이

좋은 자료가 된다. 서얼이라도 국왕의 서얼은 왕자 군君이 되므로, 『선원록』은 모든 서얼 자손을 기록하였다.

『선원록』을 통해 찾을 수 있는 의관 관련 규칙은 다음과 같다.

먼저 2품 이상의 고위직이나 이에 버금가는 자품資品을 지닌 이를 직계 조상으로 두는 경우는 적출이 아닌 서출 가계 출신이 의관직임으로 나아간다. 이 경우 부자간 대물림만큼이나 같은 서자인 형제나 숙질 간의 대물림도 나타난다. 다음으로 이러한 출신의 의학 관료는 서얼 가계나 기술직 중인 가계와 혼인 관계를 맺었다. 동반을 지낸 선조가 없는 한미한 가계에서는 서출이 아닌 적출도 의관이 된다. 마지막으로 기술직 가계를 형성한 특정 몇 가문을 제외하고는 대물림이 이루어지지 않고, 1-2대에 그치는 경우가 많았다. 특히 임진왜란 전후의 주요 의관 가계들의 교체에 의미 있는 변화가 있다.

조선 후기 들어서면서 이러한 규칙성은 바뀌게 된다. 먼저 고위직의 서출 가계들의 의관 출사가 줄어들었다. 이는 기존 의관 가계들이 견고하게 자리를 지킴으로서 신규 가계들이 들어살 수 없었기 때문이다. 따라서 서자 형제나 숙질간의 대물림은 없었다. 그러나 의관 가계를 형성은 못하더라도 개별적으로 의관이 되는 사례들은 조선 후기에도 있었다.

기술직 중인 가계끼리의 혼인은 더욱 흔해졌다. 이미 새로운 서얼 가계들의 진입이 어려워졌기 때문에 기술직 중인 가계와의 혼인도 어려워졌다. 동반이었던 조상이 없는 한미한 가계에서 적출이 의관이 되는 경우도 조선 후기에는 거의 없다. 이 또한 몇몇 기술직 중인 가계가 의관직을 독점한 상황과 관련이 된다.

마지막으로 조선 후기 의관직은 다른 기술직들과 마찬가지로 대물림은 매우 흔하였다. 그뿐 아니라 전의감과 혜민서 두 의료 관청에서 주로 활동하는 가계가 나누어질 정도로 대물림이 강하였다.

조선 중기와는 달리 조선 후기의 의학 관료의 길은 새로운 서얼에게 활짝 열린 기회의 땅은 아니었다. 그럼에도 서얼들은 의사의 길을 걸었다. 사대부가의 서얼도 유학 이데올로기의 신봉자로서 유의라는 관념에서 벗어나지 못했다. 또한 조선 후기 상업 시장의 확대로 사적인 의료 영역이 넓어지고 있어서 현실적으로 생업에도 도움이 되었다. 그리고 본인의 의술을 갈고닦아 높은 경지에 이르면, 국왕 일가의 은전을 입어서 서얼 출신이 과거로써 이를 수 없는 자리까지 이를 수 있었다.

조선 후기 의업에 종사했던 여러 서얼은 다양한 모습을 지녔다. 누군가는 어의가 되어 목민관으로 출세하였고, 누군가는 성공의 문턱에서 나락으로 떨어졌고, 또 누군가는 새로운 길을 모색하였다.

문과 출신의 관료를 아버지로 둔 임정任珽은 18세기 경상도에서 활동했다. 동생인 임환任瑍이 1728년(영조 4) 무신란戊申亂에 연좌되어 처형당하면서 경상도 풍기로 관노로서 보내졌다. 임정은 서자 출신으로 집안의 몰락 이전에 이미 의사의 길로 들어섰다. 그는 의약에 대한 명성으로 1715년(숙종 41)에는 부사용副司勇에, 이후에는 사과司果까지 올랐다. 비록 동생의 역모 연좌로 인하여 결국 출세하지는 못했지만, 서자가 의사의 길을 생업으로 선택함을 보여주는 하나의 예이다.

류상의 서자인 류중림柳重臨은 진사 출신인데 의약동참의가 되었고, 정2품 정헌대부正憲大夫까지 지냈다. 그는 아버지의 두창 치료 기술을 이어받았고, 말년에는 『산림경제』에 대한 증보판도 저술하였다. 류상의 손자 류원柳源은 영조 정조 시기 의약동참의, 다른 손자 류증모柳曾模는 정조 순조 시기 의약동참의, 증손자 류환익柳煥翼은 순조 때의 의약동참의를 지냄으로써, 류상 이후 5대에 걸쳐 의약동참의를 배출하였다.

조선 후기 기술직 중인 가계는 조선 중기의 서얼허통 이후 기술직이 된 조상을 선조로 두고 있다. 임진왜란을 통해 한 차례 가계 인적 구성원의 단절을 겪은 17세기 전반 이후로 새롭게 편입되는 경우는 거의 없었다. 그런데 류상 집안의 사례처럼 개인의 뛰어난 의술 실력은 본인을 어의가 되게 하였을 뿐 아니라, 새로운 의학 관료 가계를 만들어 내는 계기가 되었다.

서얼로서 조선 후기에 의학 관료가 된 사례는 류상 외에도 많았다. 이락은 대사헌 이언충李彦忠의 서자로, 효종 때까지 어의로 활동하면서, 허준의 『언해구급방』, 『언해태산집요』, 양예수의 『의림촬요속집』을 간행할 때에 의서 감역관이었다. 이희헌李希憲은 대사헌 이감李戡의 서자로 『동의보감』의 감교관으로 활동하였으며 2품 정헌대부正憲大夫까지 올랐다. 숙종 대를 대표하는 내침의 정시제丁時悌는 서자 출신으로 내침의와 의약동참의를 지냈는데 1품 숭록대부가 되었다. 같은 시기 허점許坫도 서자 출신으로 의약동참의가 되어 영조대에 숭록대부에 올랐다.

다양한 사례에서 보듯이, 서얼은 출세의 방편으로 의술을 활용하였다. 그런데 이러한 방법이 고착되면서, 의학 관직을 서얼 신분과 더욱 연관시키게 만들었다. 결국 사대부 출신들이 의서습독관이나 의약동참의가 되기를 꺼리는 풍조를 빚었다. 그러나 조정에서는 이에 대하여 별다른 개선책을 제시하지 않았다. 무엇보다 의료를 전문적으로 담당하는 중인 계급이 사회적으로 충분히 성장한 면도 있었고, 또 전업 의사가 아니더라도 유의를 왕실 진료에 참여할 수 있게 하는 제도도 시행되었기 때문이었다. 전업 의사만 아니라면 왕실에 대한 충忠을 실현할 기회를 유자들이 거부할 이유가 없었다. 소선 후기에 가면 유의를 임시로 벼슬을 주어 왕실 진료 현장에 부르는 일도 관례상 시행되고 있었다.

참고로 조선 후기 의학 관료를 비롯한 기술직 중인들은 경기도를 중심으로 180여 명이 390여 곳의 수령에 임명되었다. 특히 의학 관료는 110여 명이 280여 곳에 임명되어서 큰 비중을 차지했다.[8] 수령이 아닌 찰방과 감목관까지 합하면 거의 절반의 외직은 의관이 임명되었다. 그러나 이러한 상황에 대해서 문과 출신의 사대부들은 못마땅하게 여겼다.

> 삼가 살펴보건대, 의관이 성질(임금의 병)에 분주하게 노력한 것은 곧 그 직분일 따름이니, 상과 은전을 내려 줌에 있어서 도리어 너무 지나침을 경계하여야 마땅할 것이다. 그런데 도리어 자목字牧의 직임을 내려 주고도 조금도 어려워하지 않으니, 이것이 어찌 명기名器를 아끼는 뜻이겠는가?
> —『숙종실록』 권14, 숙종 9년(1683) 11월 14일 신사

방진기方震夔와 이엽李燁은 의관인데, 동궁(세자)의 두환痘患을 치료한 공으로 이번 정사에서 모두 백성을 다스리는

수령의 관직을 제수하니, 식자들이 이를 근심하였다.

─『영조실록』 권6, 영조 1년(1725) 6월 13일 기묘

　의관들이 다른 지역보다도 유독 경기도의 목민관에도 임명된 까닭은 왕실에서 응급한 병이 있으면 치료를 위해 빨리 부를 수 있는 지역이어야 했기 때문이다. 특히 서울과 이웃한 고양, 과천, 금천 지역이 상위를 차지한다. 그러나 유능한 의관이라고 해서 좋은 목민관은 아니었는지, 수령이 된 의관이 암행어사에 의해 적발되는 사례도 있었다. 어디까지나 의관 직임은 입사 경로일 뿐 수령이 된 뒤에는 수령으로서의 마땅한 책임이 있었다. 오늘날 행정고시에 합격했거나, 의료직으로 특채되었거나 상관없이 어느 직임에 임명되면 그 직임에 맞는 역할을 해야 하는 것과 마찬가지이다.

　　양천·김포·부평·통진·교하 5개 읍의 어사 채홍원이 서계書啓하기를,
　　"부평 부사 강명길은 재결은 훔쳐먹고 군보에게는 첨징하여 허다한 불법을 저질렀으니, 용서하기 어렵습니다."
　　적성·마전·연천·삭녕 4개 읍의 어사 정약용이 서계하기를,
　　"삭녕의 전 군수 강명길康命吉은 화전火田에 지나치게 세를

물리고 향임들에게 뇌물을 받았습니다. 채차되어 옮긴 시 비록 오래되었으나 죄주지 않을 수 없습니다."

—『정조실록』 권41, 정조 18년(1794) 11월 16일 경자

여기서 언급된 정약용은 다산 정약용이고, 강명길은 정조 때의 내의원 우두머리 의사로 의서 『제중신편濟衆新編』의 저자로도 잘 알려진 의관이다. 정조가 총애하는 의사가 총애하는 관료에게 적발되는 상황이었다. 몇 년 지난 뒤에 정조의 죽음 이후 그 책임을 물어 강명길이 죽임을 당하고, 정약용은 장기간의 유배 생활을 하게 될지는 둘 다 몰랐을 것이다. 강명길은 삭녕 군수로 있다가 부평 부사로 옮겼는데, 두 지역 모두에서 암행어사에게 지적된 것을 보면 수령으로서는 낙제점이었다. 효종을 죽음으로 몰고 간 어의 신가귀申可貴처럼 자신의 잘못이 분명하지 않으면, 내의청의 우두머리가 책임을 지고 죽음에 이르는 경우는 거의 없었다. 도의적 책임을 지고 유배형을 가는 것이 일반적이다. 그런데 유배지로 보내지기 전에, 강명길이 고문받다가 죽은 것을 보면, 그는 평소에도 다른 신료들에게 신망을 잃었던 것 같다. 당시 강명길은 사형이 아닌 유배형을 받았기에 심문 중에 죽은 것은 어쩌면 고의적인 측면이 있었다.

## 그들만의 세상, 중인 의관 가계 네트워크

조선 후기 기술직 중인 가계들이 의학 관료로 입문하는 의료 관청의 생도 완천부터 시작하여 긴밀하게 얽혀있음은 앞서 살펴본 바 있다. 그렇다면 그들 가계 네트워크는 실제 어느 정도였을까.

인조 때부터 고종 때까지 의과에 합격한 1,100여 명을 대상으로 한 친족 네트워크 분석을 시도한 연구가 있다.[9] 조선 전기의 의과 합격자 명부인 『의과방목』은 일부 누락된 채 전하지만, 조선 후기의 『의과방목』은 누락이 없어서 분석할 수 있다. 이에 따르면 의과 합격자의 약 80%가 성씨가 같은 아버지 쪽 친족과 연결되어 있고, 이 가운데 손위 항렬과 같은 항렬의 영향으로 의과에 합격한 이들은 약 70%였다. 이는 의과에 합격한 다수가 성씨가 같은 아버지 쪽 친족의 영향에 의한 것이고, 다시 그 합격한 이의 영향을 받아 성씨가 같은 아버지 쪽 친족에게서 합격자가 나왔다. 이렇게 하여 한번 의관 가계를 형성하면, 의관 직임에 대한 강하고 배타적인 독점력을 가지게 되었다.

그런데 완천 때에 외가와 처가까지 아우르는 사조단자를 제출함에서 볼 수 있듯이 이러한 네트워크는 성씨가 같은 아버지 쪽 친족에만 관련되지 않았다. 성씨가 같거나 다른 친족 중에 의과 합격자가 확인된 의과 합격자는 많게는 19명에서 적게는 1명까지 혼인으로 연관된 친족을 두고 있었고, 1명당 평균 3.5명에 달하였다. 방우주方禹疇는 정조 때 의과에 합격하여 내의원에 들어가고 2품인 동지同知까지 오른 어의였다. 그는 7가계에 속한 19명과 혼인 관계를 맺고 있었다. 성씨가 같은 아버지 쪽 친족에서 성씨가 다른 아버지 쪽 친족 등 혼인 관계의 가계들까지 영역을 넓혀 보면 전체의 92.8%가 영향 아래에 있는 것으로 조사되었다.

내의원에 속한 본청·의약동참청·침의청의 삼청三廳은 해당 명부인 선생안先生案이 현재 남아있다. 내의의 경우 조선 전기나 중기 인물도 일부 수록되어 있어서 조선 후기만의 명단은 아니지만, 이를 통하여 대략적인 삼청 소속 의관들의 배경을 살필 수 있다.

조선 후기로 가면 내의에 대하여 의과 합격자라는 자격이 철저하게 지켜졌다. 본청은 의과 합격자의 비율이 80%, 동참첨은 12%, 침의청은 8%이다. 의약동참의와 내침의는 의과 합격을 하지 않더라도 실력으로 될 수 있었다. 이와 달리 내의원 본청의 경우, 의과 합격자들이 장악하였고, 의과 합격자는 대개 특정 기술직 중인 가계들로부터 나왔다.

내의원 업무와 직접 관련된 왕실은 이러한 특정 가계들의 긴밀한 결속을 내버려두었을 뿐 아니라, 오히려 부추기기까지 했다. 예를 들어 『육전조례』에서 "삼청의 의관은 세의世醫의 자손으로 한다."라는 식으로 규정하였다. '세의'는 사회의 시선으로 볼 때 온전히 신뢰하고 책임을 다하는 존재들이었다. 왕정 체제 아래에서 중요 왕실 구성원들의 몸을 맡길 수 있다는 것은 의사에 대한 절대적인 신뢰를 바탕으로 하였다. 더구나 어린 나이부터 의료 관청의 생도로 들어가서, 의술을 익혔으므로 기본 이상의 실력을 갖춘 이들이었다. 그리하여 조선 후기 세의란 용어는 왕실에 있어 부정적인 무엇인가가 아니라, 권장하고 칭찬할 만한 것이었다. 그러기에 많은 의관 의료들이 세의가 되기를 원하였다.

> 내국內局에서 입시했는데, 대신도 함께 입시하였다. 내국에 명하여 세의의 자손들을 수용하게 하였다.
> —『영조실록』권79, 영조 29년(1753) 4월 28일 계축

약원의 여러 신하와 대신을 불러 보았다. 도제조 한용귀韓用龜가 말하기를, "지난번에 의관에 결원이 있어서 새로 임명할 계목을 들였던바, 곧 되돌려 내리고 이어서 변종순卞鍾淳을 써서 들이라는 명이 있었습니다. 이는 당초 이름이 알려진 세의의 후손이 아닌데, 전하께서 궁중에 깊이 계시면서

그 성명을 어떻게 들으시고 이처럼 특차의 전교를 내리십니까? 비록 작은 일이지만 성덕에 끼친 누는 큽니다. 신들이 걱정하는 것은 한낱 의관의 일 때문이 아닙니다. 이로부터 연줄을 다는 일이 점점 늘어나 청탁하는 일이 풍조가 되면, 그 끝없는 폐단이 조정에까지 미칠까 두렵습니다."

— 『순조실록』 권18, 순조 15년(1815) 4월 29일 갑신

조선 후기 기술직 중인 가계 사람들이 처음 결혼하는 연령을 알려주는 자료가 있다.

먼저 천녕현씨川寧玄氏 가문의 역관 현탁玄鐸은 『석번일기』라는 일기를 저술하였는데, 이 일기에는 현탁 개인과 관련된 대소사 기록이 실려 있다. 다음으로 개성김씨開城金氏 가문의 김상순과 그 아버지 역관 김세희金世禧는 『정헌초고靜軒草稿』와 『관아당유고寬我堂遺稿』라는 문집을 남겼다. 이 두 문집에 실린 연보에는 본인과 본인의 자녀, 손들의 결혼에 대한 기록이 있다.

이 두 기록에서 재혼을 제외하고 초혼만 살펴보자면 10~17세 사이에 이루어졌고, 평균 초혼 연령은 약 13세이다. 그리고 신부가 신랑보다 나이가 많은 경우가 적은 경우보다 2배 정도 많지만 대개 1~2살 차이에 불과하다.[10]

그런데 왜 이러한 조혼이 이루어지고 있었을까. 물론 당시 조선의 풍습도 조혼이 일반적인 것으로 알려져 있으므로 당시 시대상의 반영이기도 하다. 그러나 17~18세 정도의 당시 초혼 연령보다도 기술직 중인 가계에서는 더 이른 결혼이 이루어지고 있다. 이는 각 기술직 관청의 생도 완천 제도가 영향을 미친 것으로 보인다. 생도 완천에서는 친가와 외가뿐 아니라 결혼한 경우 처가까지도 제시해야 했고, 친족 보증인의 범주에는 처가 인물까지도 들어갔다. 배우자가 기술직 중인 가계 출신이 아니면, 본인의 처가가 문제 될 뿐 아니라, 자식 대에 가서도 외가가 문제가 되었다. 조혼은 혼인이 가능한 후손들을 미리 연결시켜서 기술직 가계들의 더욱 끈끈한 관계 맺음을 꾀할 수 있게 하였다.

이러한 중인 가계 간의 협력 네트워크는, 혈연을 넘어서 작동하였고, 전문 의서를 만들기도 하였다. 예를 들어 1798년(정조 22)에 저술된 홍역 전문서 『마진휘성麻疹彙成』을 보자. 이 책이 협력 네트워크 면에 있어 눈에 띄는 점은 저술에 참여한 이들 간의 관계 때문이다. 조선시대 의서들은 국왕의 명이나 의료 관청의 필요로 만들어지는 경우가 많았다. 그런데 이 책은 당시 민간 의사 신분이었던 이원풍李元豐을 중심으로 전업 의사인 김한준, 이진보, 김시중의 세 사람이 함께 공동 작업한 결과물이다.

이원풍은 본관이 정읍井邑으로 역관의 아들로 태어났다. 그는 집안 전통에 따라 정조 때에 역과에 급제하여 역관이 되었는데, 순조 때에 의약동참의가 되고, 정헌대부의 관계까지 올랐다. 의약동참의가 되기 이전부터 의사로서 활동하였다. 홍양호洪良浩가 쓴 『마진휘성』 서문에도 "소아병을 잘 치료하는 것으로 세상에 이름이 났다."라고 하였으니, 이원풍은 책의 저술 시기 이전부터 의사로서 명성을 얻었다.

김한준金漢雋은 본관이 우봉牛峯으로 사자관의 아들로 태어나 순조 때에 의약동참의가 되고 헌종 때에 종1품 숭정대부崇政大夫가 되었다.

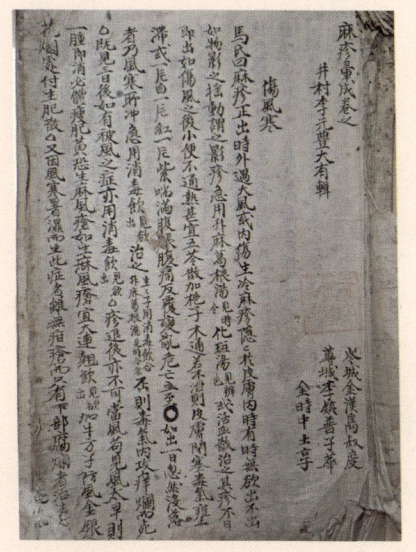

**그림 19**
『마진휘성麻疹彙成』 본문, 개인 소장

이진보李鎭普는 본관이 태안泰安으로 주학 별제籌學別提의 독자로 태어나 집안 전통에 따라 정조 때에 주학 취재에 입격하였다. 이진보는 『마진휘성』 외의 자료에 의사로 활동했다는 기록은 없다. 그런데 그의 장인이 현계순玄啓淳으로 영조, 정조 대에 내의로서 당상관이 된 의관으로 처가에서 의업을 배웠을 수 있다.

김시중金時中은 본관이 안의安義로 혜민서 의관의 양자였으며 순조 때에 의약동참의가 되어 헌종 때에는 2품 정헌대부까지 올랐다.

이들 4명의 공통점은 다음과 같다. 첫째로 모두 기술직 중인 가계 출신이다. 둘째로 모두 의과醫科 출신이 아니다. 셋째로 『마진휘성』 저술 당시 모두 40세 이하의 나이였다. 마지막으로 저술 당시 모두 삼의사 소속이 아닌 외방의外方醫였다.

모두가 삼의사에 소속되지 않고 의과 출신도 아닌 의사들이었기에 이 책의 집필은 관청의 필요와는 직접적인 관련이 없다. 즉 본인들이 의술을 행하면서 개인적인 필요로 책을 저술한 것이다. 모두가 기술직 중인 가계 출신이라는 점에서 서로가 원래부터 알았을 수 있다. 그러나 그들은 같은 가계 인물도 아니고, 같은 관청에 속한 이력도 없다. 그렇다면 당시 같은 일에 종사하는 기술직 중인들 사이에 일종의 네트워크가 형성되었음을 짐작하게 한다. 이원풍처럼 구심점을 행사하는 이가 있다면, 20대 중반의 인물들도 협력하여 공동작업의 결과물을 만들 수 있는 환경이 만들어진 것이나. 한편, 이러한 네트워크는 이들 중 김시중이 1801년(순조 1) 의약동참의가 된 이후, 이원풍과 김한준이 연달아 의약동참의가 되는 과정을 통하여 서로 간에 더욱 밀접한 관계를 형성해 갔다.

『마진휘성』은 19세기 후반의 기술직 중인들이 자신들의 필요로 자신들의 기술을 담은 결과물을 공동 작업하고, 강력한 유대 관계를 맺을 수 있었음을 보여준다.

19세기 전반에 활동한 홍길주洪吉周는 미완성으로 끝난 용수원用壽院 구상에서 당대의 좋은 의사들을 한 장소로 모아서 의서를 편찬하고 소수의 환자를 전담하여 치료할 계획을 세웠다. 그는 난치병 환자를 치유하기 위해서는 수많은 의서를 참고하여 오래 고민하여 치료법의 정수를 구해야 한다고 보았다. 홍길주가 구상한 의서는 『수민전서壽民全書』라 이름을 붙였는데 무려 380권에 달하는 분량이었다. 구상대로 만들어졌다면 『마진휘성』의 종합 의서 확장판이라 부를만했다.

## 전의감에 꽂힌 태안이씨, 변부자의 의원 노릇

조선 후기 의관 가계로서 유력한 집안들이 있다. 조선 후기 의관 계층을 통해 나타나는 현상은 오늘날 이야기하는 일종의 '의료 전문화' 또는 '의료 전문화로 나아가는 과도기'적 성격을 갖는다고 볼 수 있다.

먼저 17세기 형성되어 19세기까지 꾸준히 의관을 배출했던 태안이씨를 살펴보려 한다. 태안이씨泰安李氏는 조선 후기 기술직 관료를 구성하는 주요 성씨 본관의 하나였다. 조선시대에 태안이씨는 주학과 의과에서 주로 합격자를 배출하였다. 태안이씨는 의과만 보면 전체 성관 중에서 4위로 합격자가 많았다. 태안이씨 중에서 사맹司孟 이귀산李貴山의 가계가 65명의 의학 관료를 배출하여, 의학 관료로서의 길을 주도하는 집안이었다. 이 가계를 귀산의 벼슬을 따서 후손들이 사맹공파라 불렀다. 이들은 19세기 후반에 독자적인 족보를 만들었는데 이 족보가 『사맹공파보』이다.

이귀산의 후손 중 기록상으로 가장 먼저 기술직 중인 관료가 된 이는 증손인 이신흠李信欽이었다. 그는 17세기 초에 활동한 도화서 화원圖畫署畫員이었다. 그는 선무원종, 진무원종, 정사원종에 녹훈되면서 당상관까지 올랐다. 16세기 말부터 17세기 초는 왜란과 호란을 겪으면서 서얼에 뿌리를 둔 가계들이 새롭게 기술직 중인으로 탈바꿈하던 시기였다. 태안이씨 사맹공파는 그러한 흐름 속에 있었다.

이신흠의 세 아들은 모두 산학算學에 입격하여 종6품 산학 별제算學別提를 지냈다. 손자인 이상번李尙蕃이 현종 때에 의과에 급제하면서 처음으로 의학 관료가 되었고, 그가 내의원에 소속되면서, 사맹공파가 의관 가계로 성장하게 되는 시초가 되었다. 이상번의 처부가 전의감 첨정을 지낸 강대립康大立으로 산학을 전공하지 않고 의학을 하게 된 것은 처가의 영향으로 보인다. 강대립은 기술직 중인 가계인 승평강씨에 속한 의관이었다.

이상번의 손자 대에 와서 사맹공파는 의관 가계로서 전성기가 시작되었다. 손자 이이식李以植, 이이재李以材, 이이해李以楷는 모두 의과에 급제하여 내의원에 들어갔고, 특히 이이해는 영조 때 내의원 수의로서 종1품 숭록대부에 오르고 지사知事가 되었다. 현재 서울 도봉구 초안산에 남아있는 태안이씨 묘역의 경우, 이이해의 묘를 중심으로 조성되어 있어서 이이해가 가문에 미친 영향을 알 수 있다.

이이해의 바로 밑 항렬에서도 5명의 의과 급제자를 배출하였다. 18세기 중후반은 사맹공파에 속한 인물의 의과 급제자가 10명이 있었다. 이들 중에 당상관 이상인 된 의관도 5명이나 되었다. 이 시기에 의관으로서 활동한 가문 내 사람은 20여 명에 달하였다.

그림 20
초안산 이이해 묘지석

19세기 중반 서얼의 관직 제한 철폐를 요구하는 집단적인 상소 등이 있었다. 이러한 서얼 통청 운동에 사맹공파 가계의 인물들이 주도적으로 참여하였다. 1851년(철종 2) 5월 도화서에서 모임을 가질 때, 관상감 등 10개 관청에서 유사有司 30여 명이 참여하였다. 이 일의 결과 '신해소통辛亥疏通' 내지 '신해허통'이라는 철종의 명이 있었고 서얼 후손들이 모든 벼슬에 임명될 수 있게 바뀌었다. 그 명이 있기 전까지만 하더라도 청요직이라 부르는 자리들은 사대부 적자 출신으로만 채워져 왔다. 당시 도화서 회동 유사 중에 사맹공파 인물로는 사역원 이항기李恒基, 전의감 이능기李能基, 혜민서 이풍기李豊基가 참여하였다. 이는 사맹공파가 기술직 중인 가계들 사이에서 차지하는 위상을 추정케 한다. 내의원·사역원·전의감·관상감의 네 관청은 정3품 아문으로 기술직 관청 중에서도 중요하였는데, 그중 두 곳의 유사로 참여하였던 것이다.

서얼허통의 문제는 16~17세기 중반에 지식인 내부에서 논란이 격화되면서, 상소문을 통하여 실제적인 개선책이 개진되었으며 점진적으로 공론화되는 과정을 거쳤다. 그리하여 18세기에는 서얼허통의 주체가 외부인에서 서얼 자신이 되는 변화가 나타났다.

기술직 중인의 정체성 확보는 18세기에 중인들만의 전문가적인 지식과 실행, 관계망의 측면에서 이루어졌다. 현실적인 수준에서 기술직 중인들의 권리 강화가 시도되면서 기술직 중인으로서의 자의식이 성장하였다. 이후 신분 제약 타파라는 이상적인 목표로 나아갔다.

예를 들어 18세기 이수기李壽祺는 천안이씨 기술직 중인 가계 출신으로서 의과에 급제하여 의약동참의가 되었다. 그는 아버지가 율관이었지만 중인 네트워크를 통하여 의학을 교육받았다. 또한 그는 치료 경험을 담은 의안서醫案書 성격의 『역시만필歷試漫筆』을 저술하여, 유의들과 다른 전문 의학 관료로서의 의학에 대한 지식을 드러내었다. 그의 의학 지식의 실행은 의학 텍스트와 경험 전통에 근거하여 이루어졌다.[11] 산원들은 중인 네트워크를 통하여 교육받았다. 그러면서 신서算書를 저술하면서 전혀 필요가 없는 별도의 장을 만들어 본인 스스로를 등장시켜 산술算術 지식을 과시하는 내용을 추가하였다.[12] 사맹공파 가계에서 의관직 대물림은 네트워크를 통한 교육을 시사하며, 의과를 대비하는 『해혹변의』는 의학 텍스트 학습이라는 의학 관료로서 지식 확충과 실행의 구체적인 방안이기도 했다. 앞서 『마진휘성』의 사례도 기술직 중인 가계 네트워크의 결과물이었다.

사맹공파 중에 최종 관력이 삼의사에 속하는 이는 전체 의관 중에서 약 88%였다. 특히 전의감 소속은 약 66%에 달하였다. 또한 최종 관력이 내의원인 이들이 대개 전의감 관력을 지녔다는 점을 감안하면 가계 내에서 전의감 관력의 비율은 더 높을 것이다. 그렇다면 사맹공파는 혜민서보다는 전의감 의원이 되는 것을 더 중요시하였다. 19세기 전반은 사맹공파 가계 내 대물림이 두드러지는 시기에 속하나 의관 가계로서의 전성기는 지난 시기였다. 이 시기는 18세기 중후반과 비교하여 비슷한 수의 의관을 배출하기는 하나, 고위직 의관 수는 줄어들었다. 태안이씨 사맹공파는 의관 가계로서의 시위를 유지하기 위하여 가계 내 후진의 의과 대비에 더욱 노력하였다.

사맹공파 출신 의관인 이병하李炳夏가 의과를 대비하기 위한 책인 『해혹변의解惑辨疑』를 저술하게 된 목적도 이러한 가문 배경과 관련될 가능성이 있다. 『해혹변의』는 저자가 전의감에서 벼슬하던 1827~1846년 사이에 저술된 책으로, 의과를 준비하는 이들을 위한 입문서였다. 당시의 의과 과목이었던 『직지방』 등 3종 책에서 표제 항목을 뽑아서 어려운 한자나 어휘를 풀이하였다.

영조와 순조 때 사맹공파에 속한 이들의 의과 급제 연령은 다른 의관 가계에 비하여 상대적으로 낮았다. 즉 대물림이 두드러진 시기에 급제 연령이 낮게 나타났다. 사맹공파 내에서 영·정조기에 비하여 순조 때에 급제 연령이 높아졌다가 고종 때에 다시 낮아지는 변화도 대물림과 급제 연령이 낮아지는 것과 관련하여 보아야 한다.

허생이 변씨를 보고서 길게 읍하며, "내 집이 가난해서 무엇을 조금 시험해 볼 일이 있어 그대에게 만금萬金을 빌리러 왔소."라고 했다. 변씨는 "그러시오." 하고는, 곧바로 만금을 내주었다. 그러나 그는 감사하다는 말 한마디 없이 어디론지 가버렸다.

변씨의 자제와 빈객들은 허생의 꼴을 본즉, 한 비렁뱅이였다. 허리에 실띠를 둘렀으나 술이 다 뽑혀 버렸고, 가죽신을 꿰었으나 뒤 굽이 자빠졌으며, 다 망그러진 갓에다 검은 그을음이 흐르는 도포를 입었는데, 코에서는 맑은 물이 훌쩍훌쩍 내렸다. 그가 나가 버린 뒤에 모두들 크게 놀라며, "아버지, 그 손님을 잘 아십니까." 하고 물었다. 변씨는, "몰랐지." "그러시다면 어찌 잠깐 사이에 이 귀중한 만금을 평소에 면식도 없는 자에게 헛되이 던져 주시면서 그의 성명도 묻지 않음은 무슨 까닭이십니까." 했다. 변씨는, "이건 너희들이 알 바 아니다. (중략) 아마 그의 시도하려는 방법도 작지 않거니와, 나 역시 그에게 시도함이 없지 않다. 그리고 주질 않는다면 모르려니와 기왕 만금을 줄 바에야 성명은 물어서 무엇 하겠느냐."라고 하였다.

박지원이 쓴 『허생전許生傳』의 한 대목이다. 주인공 허생은 한양의 갑부인 부자 변씨에게서 당당하게 1만 냥의 거금을 빌려온다. 박지원은 부자 변씨가 '변승업卞承業의 조부'라 기록하였다. 『허생전』

이 수록된 『열하일기熱河日記』를 보면 당시 사행을 같이했던 이 중에 어의 변주부卞主簿가 나오는데, 이 사람은 변관해卞觀海이다. 변승업과 변관해는 조선 후기 기술직 관료를 구성하는 대표적인 성관인 밀양변씨密陽卞氏의 일원이다. 다만 변승업은 역관이었고 변관해는 의관이었는데, 변승업은 당대 최고 부자라 불리었던 역관이었다.

다음의 편지는 정조가 후궁 유빈綏嬪 박씨의 큰 오빠인 박준원朴宗輔에 보낸 것으로 그 내용은 다음과 같다. 정조도 『열하일기』를 보면서 어의 변의원을 떠올리고 있었다.

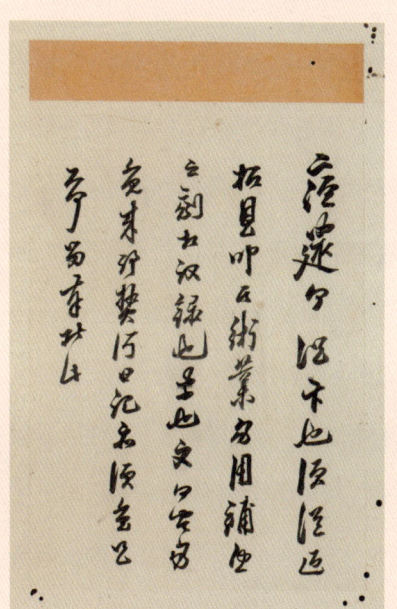

그림 21
변의원이 나오는 정조 어찰,
국립고궁박물관 소장

밤사이에 상황이 어떠한가. 변의원을 가까운 시일 안에 불러 보아 그의 술업(의업)을 물어보고 마땅히 보혈補血하는 약제를 상의하여 아무의 방문方文이라고 기록하게. 언제쯤 찾아오는가. 『열하일기』를 또한 모름지기 찾아서 보내는 것이 어떻겠는가. 나머지 사연은 만나볼 때 말하기로 남겨두고 우선 이만 줄이네.

밀양변씨는 조선 후기 역과에서 106명의 합격자를 배출하였다. 역과 합격자만으로는 조선시대 전체 3위의 성씨이다. 역관을 중심으로 일부 의관도 배출한 집안이었다.

밀양변씨 중에서 변중량卞仲良의 후손을 중파仲派라 하는데, 변중량의 5대손인 변효량卞孝良과 그의 아들 변옥동卞玉東의 후손들은 한양에 거주하면서 기술직에 종사하였다. 이들을 효량공파라 부르며 『경성보京城譜』라는 족보를 별도로 편찬하였다. 이 가계에서 90여 명의 의관이 배출되었다.

효량공파 중에서 가장 먼저 기술직 관료가 된 이는 변응성卞應星으로 광해군 때에 역과에 급제하여 2품인 가선대부를 지냈다. 그의 아들은 9명이었는데 이들 중 7명이 역과에 급제하고, 8명이 역관이 되면서 조선 후기 대표적인 역관 가문으로 성장하게 되었다. 현재

**그림 22**
밀양변씨 『경성보』 표지와 본문, 개인 소장

서울 중랑구 망우동에 효량공파의 선산이 있다.

변이근卞爾瑾과 그의 동생 변이형卞爾珩이 효량공파 가계 내 인물 중 처음으로 의관이 되었다. 변이근은 혜민서 주부를 지냈고 변이형은 효종 때에 의과에 급제하여 전의감 정이 되었다. 변이형의 처부가 의과 출신으로 전의감 교수를 지낸 한황韓璜으로, 변이형이 의관이 되는 것은 장인의 영향일 가능성이 있다.

효량공파에서 당상관 이상의 의학 관료는 내의 출신 4명, 내침의 3명, 동참의 2명 등으로 삼청 출신이 고르게 분포되어 있다. 의과 출신자는 4명에 불과하여 태안이씨 사맹공파 출신의 당상관 관력자가 모두 의과 출신인 점과 다르다. 즉 비슷하게 보이는 의관 가계라 하여도 가계마다 다른 특성이 있다.

19세기 중후반의 인물들은 의과에 급제하여 내의원에 들어가므로, 19세기 전반 이전의 내침의와 동참의로 내의원에 소속되는 모습과 다르다. 정조 순조 연간에 활동한 변관해와 변지순卞之錞은 의약동참의로서 종1품 숭록대부와 정2품 정헌대부까지 올랐고, 변종협卞鍾協은 고종 때에 수의를 지냈다. 이들은 의관 가계로서의 효량공파의 입지를 탄탄하게 하였다.

의관 가계로서 효량공파는 17세기 중반 형성되기 시작하여, 18세기 후반에서 19세기 후반까지 100여 년 동안 주요한 의관 가계로 자리매김하였다.

효량공파 출신 의관 중에 최종 관력이 삼의사에 해당하는 이들은 97.72%였다. 이는 가계 내 인물이 의학을 본업으로 할 경우 대부분 삼의사에서 근무할 수 있었음을 뜻한다. 이는 조선 후기 의관이 단순히 실력만으로 되지 않는 현실을 반영한다. 내의원 출사자는 19세기 중후반, 의과에 급제하여 내의가 되는 모습인데, 앞서 당상관 이상의 관력자 수의 변화와 관련이 있다. 삼의사 중 가장 많은 진출은 전의감이었는데 전체의 절반을 약간 넘는다. 태안이씨 사맹공파와 비교하면 산이사 비율은 높고, 전의감 비율은 낮다.

18세기 후반까지 전의감과 혜민서 관력자 비율은 8:10의 비율인 점이 독특하다. 순조 때를 기점으로 하여 전의감 중심으로 변모하는 추세가 확인된다. 즉 내의원의 경우 처음에는 내침의와 의약동참의로 소속되다가 19세기 중후반 들어서 내의로 출사하고, 양의사의 경우 처음에는 혜민서를 중심으로 출사하다가 19세기 전반 들어서 전의감 중심으로 변모되는 모습이다. 내의는 의과 출신자여야 했으므로 전의감 중심으로의 관력 변화와 내의원 입속과는 연관되었다.

내의원에서의 효량공파 가계 위상은 19세기 중반 이후로 더 높아졌다. 19세기 전반까지는 의약동참의와 내침의로 출사하지만 19세기 중후반 의과에 급제하여 내의로서 출사하는 모습이다. 내의원의 삼청이 모두 의술이 높은 이들이지만, 삼청의 첫째는 내의라는 점에서 효량공파 출신들의 내의원 내 위상이 더 높아졌다.

그러나 태안이씨와 달리 효량공파에서는 의관직 대물림이 강하시 않다. 고종조의 급제 연령 하락은 19세기 후반 잡과 운영에서 정원이 늘어난 결과였다. 원래 의과 복시의 합격자는 9명으로 19세기 전반까지 정원 이내로 뽑았다. 그러나 1874년(고종 11) 이후의 의과는 모두 정원을 모두 초과하여 급제자를 뽑았다. 단적인 예로

1885년(고종 22) 증광시 의과는 합격자가 46명에 달하였다. 즉 많은 인원을 선발하면서 급제 연령이 낮아지게 되었다. 만약 합격자 수가 동일하게 유지되었다면 급제 연령은 계속 높게 유지되었을 것이다. 의과에 대한 선호도가 상승하면서 응시자가 늘고 이에 비례하여 급제 연령도 높아졌을 것이다. 즉 이러한 의과 급제 연령의 상승으로 볼 때 의과를 통한 시위 의생이 제도적으로 자리 잡았다.

## 나오는 말

조선 후기 의학 관료가 되는 엘리트 코스는 정해져 있었다. 먼저 기술직 중인 가계 출신으로 태어나서 어린 시절 의료 관청의 생도로 완천을 받아 생도가 되어야 했다. 만약 기술직 중인 가계 출신이 아니라면 의학 생도가 되는 것은 불가능하였다. 친가가 아니라면 처가라도 기술직 중인 가계여야 했다. 좁은 인맥 풀이었기에 주요 기술직 중인 가계에서는 이른 결혼이 잦았다. 혼인 관계는 두 집안의 관계를 돈독하게 할뿐더러, 그 사이에서 태어난 후손들에게도 다른 집안보다 우월한 배경을 부여하였다.

여러 유력한 중인 가계들은 양의사에서 그들만의 세상을 만들었다. 서로 간의 협력 네트워크는 다양하게 기능하였다. 어린 시절부터 의과를 대비할 수 있게 하거나, 전문 지식과 경험을 공유하여 의서를 만들어 내었다.

같은 의료 관청이더라도 이왕이면 혜민서보다는 전의감의 생도가 더 나았다. 생도는 해당 관청의 취재를 응시할 수 있는 자격이 있었다. 의학 생도가 되었으면 취재에서 높은 점수를 받아서 봉록을 받는 녹관이 되어야 했다. 생계를 위해서는 사신을 따라가는 의원도 되고, 심약 등의 외임 관직도 임명되어야 했지만, 이왕이면 한양에서 근무하는 중앙관청의 녹관이 더 인기가 좋았다. 전의감은 혜민서보다 더 많은 외임 자리를 보장하는 등제청, 신등제청도 소속으로 두었다. 또한 의과에 급제하더라도 혜민서는 종6품 주부나 교수가 올라갈 수 있는 가장 높은 자리였다. 반면 전의감은 정3품 관직까지 승진할 수 있었다. 게다가 전의감은 조정 관원들과 만날 기회가 많았다. 일반 백성 진료가 주 업무인 혜민서와는 달랐다. 혜민서 출신은 혜민서에서 전의감 출신은 전의감에서 정년을 맞이하였다. 같은 의료 관청이지만 서로 간의 인적 교류는 거의 없었다.

의과는 의관으로서 출세하기 위해 꼭 필요하였다. 전의감 주부 이상으로 승진하려고 하거나, 내의원의 내의가 되려면 의과에 급제해야 했다. 의과에 급제하지 못하면 아무리 집안이 좋아도 7품 직장에 그칠 따름이었다. 어린 시절부터 의과 교재를 활용하여 교육받은 의학 생도는 다른 이들에 비하여 출발선이 달랐다.

내의원의 내의는 행정직이었다. 왕실 진료는 어의라 불리는 당상관 이상의 내의와 의약동참의, 내침의가 맡았다. 내의원에 근무하면서 장무관 일도 하고, 우두머리인 3품관인 내의원內醫院 정正을 역임하면 특별한 잘못이 없는 한 가차어의(당하어의) 내지 당상관이 될 수 있었다.

사대부 출신의 의사라면 의약농잠의 관직도 바라볼 만하였다. 내의는 기술직 중인 가계의 전유물이었고 내침의는 의약동참의보다는 신분이 조금 낮은 이들이 되는 자리였다. 의약동참의도 의관직이라 하여 사대부가 할 것이 아니라 생각한다면, 유의로서 진료에 참여할 수도 있었다. 조선 후기 의약 지식은 필수 교양이었다. 몰락한 사대부 가문의 이들에게도 의사는 좋은 생계 수단이 되었다.

기술직 중인 가계들은 사대부의 서얼 자손에 뿌리를 두고 있었으나, 17세기 중반 이후로 신규로 진입하는 가계들은 거의 없었다. 서얼이더라도 의술 실력만 있다면 의약동참의나 내침의라는 기회의 땅이 있었다. 서얼도 공을 세워 국왕의 은전으로 목민관으로 출세할 수도 있었다.

세간에서 바라보는 신분상의 문제로 조선 후기 의관은 오늘날의 의사만큼 선망을 받는 대상은 아니었다. 그러나 그들은 특화된 분야의 전문가로서 자리매김하였고, 개화기 이후 새롭게 성장하는 세력에 합류하였다. 이들 세력은 역관을 중심으로 하였으나, 의관들도 혈연이나 사회관계망으로 그들과 함께 묶여 있었고, 중인이라는 이전 시대 신분의 한계도 명확하게 인식하고 있었다. 여기서 이제 슬기로운 조선의 의사 생활 이야기는 끝을 맺고자 한다.

주석

## 2. 의학 관료는 어떻게 살았을까?

1 이시필, 『소문사설-조선의 실용지식 연구노트』, 백승호·부유섭·장유승 옮김, 휴머니스트, 2011, 149-150쪽.
2 瀨尾維賢, 『국역 상한창화훈지집』, 남성우 옮김, 한국한의학연구원, 2011, 117쪽.

## 3. 양반과 중인, 의원으로 살기

3 조학준, 「명대 의학고시의 시권인 『의학통종』의 「유위의류소도기설당부」에 대한 분석」, 『대한한의학원전학회지』 34(4), 대한한의학원전학회, 2021, 5쪽.
4 정약용, 『다산시문집 13』, 이정섭 옮김, 한국고전번역원, 1984.
5 신만, 『국역 주촌신방』, 김태희·김도훈·이정환 옮김, 한국한의학연구원, 2007, 3쪽.
6 윤선도, 『국역 고산유고』, 이상현 옮김, 한국고전번역원, 2012.
7 유재건, 『국역 이향견문록』, 실시학사 고전문학연구회 옮김, 민음사, 1997, 431-433쪽.
8 김양수, 「조선 후기 중인의 경기지방관 진출」, 『한국전통과학기술학회지』 4(1), 한국전통과학기술학회, 1998, 125쪽.
9 나영훈, 「조선 후기 의과 입격자의 친족 네트워크와 결속」, 『대동문화연구』 110, 성균관대학교 대동문화연구원, 2020, 231-269쪽.

10 김두헌, 「19세기 중인의 초혼 연령 및 배우자의 신분」, 『서울과 역사』 73, 서울역사편찬원, 2009, 145-183쪽.

11 이기복, 「18세기 의관 이수기의 자기 인식」, 『의사학』 22(2), 대한의사학회, 2013, 487쪽.

12 오영숙, 「주학의 일면-최석정의 算 읽기」, 『한국실학연구』 24, 한국실학학회, 2012, 329-366쪽.

### 참고문헌

### 1. 자료

『孤山遺稿』.

『宮闕志』.

『內醫院式例』.

『內醫院正例』.

『麻科會通』.

『梅亭寶鑑』.

『産室廳總規』.

『桑韓唱和塤篪集』.

『書雲觀志』.

『謏聞事說』.

『承政院日記』.

『時種通編』.

『審藥事例』.

『諺解痘瘡集要』.

『熱河日記』.

『議政府藥房式例』.

『吏鄕見聞錄』.

『日省錄』.

『典律通補』.

『典醫監官案』.

『典醫監事例』.

『前銜生徒案』.

『正祖御札帖』.

『朝鮮王朝實錄』.

『竹僑便覽』.

『增訂交隣志』.

『秋官志』.

『鍼經要訣』.

『度支五禮考』.

『通文館志』.

『漢京識略』.

『鄕村經驗單方』.

『解惑辨疑』.

『惠局志』.

## 2. 단행본

김남일, 『한의학에 미친 조선의 지식인들』, 들녘, 2011.

박진철, 『조선시대 향리층의 지속성과 변화』, 한국학술정보. 2007.

박훈평, 『조선의 의료제도』, 한국한의학연구원, 2023.

소백누인, 『국역 상한경험방』, 박상영·오준호 옮김, 수퍼노바, 2016.
신  만, 『국역 주촌신방』, 김태희·김도훈·이정환 옮김, 한국한의학연구원, 2007.

### 3. 논문

구현희, 「황도순 수택본 연행일기의 발굴과 의의」, 『한국의사학회지』 31(2), 한국의사학회, 2018.
김남일, 「한국에서의 유의들의 활동」, 『한국의사학회지』 30(2), 한국의사학회, 2007.
김동석, 「장서각 소장 옥진재시고 연구」, 『장서각』 32, 한국학중앙연구원, 2014.
김두헌, 「19세기 중인의 초혼 연령 및 배우자의 신분」, 『서울과 역사』 73, 서울역사편찬원, 2009.
김양수, 「조선 후기 중인의 경기지방관 진출」, 『한국전통과학기술학회지』 4(1), 한국전통과학기술학회, 1998.
김재호, 「조선 후기 중앙재정의 운영」, 『조선 후기 재정과 사상』, 서울대학교출판문화원, 2010.
김하라, 「고려대 소장 의안 경험방의 저자 소백누인의 신원과 생애 고증」, 『한문학논집』 48, 근역한문학회, 2017.
김  호, 「검안, 예외적 정상의 기록」, 『장서각』 34, 한국학중앙연구원, 2015.
_____, 「조선시대 제주의 주변성과 의료」, 『한국학연구』 59, 인하대학교한국학연구소, 2020.
_____, 「조선 후기 경화사족의 자선 약국 구상 -홍길주의 용수원을 중심으로」, 『서울학연구』 88, 서울시립대학교서울학연구소, 2022.
나영훈, 「조선 후기 의과 입격자의 친족 네트워크와 결속」, 『대동문화연구』 110, 성균관대학교 대동문화연구원, 2020.

박훈평, 「19세기 후반 전의감 의학 생도에 대한 고찰」, 『한국의사학회지』 26(1), 한국의사학회, 2013a.

_____, 「족보를 통한 조선 중기 삼의사 의관 가계 배경 연구」, 『한국의사학회지』 26(2), 한국의사학회, 2013b.

_____, 「조선시대 의관직 심약에 대한 고찰」, 『한국의사학회지』 28(2), 한국의사학회, 2015.

_____, 「조선시대 지방 의생 제도에 대한 고찰」, 『한국의사학회지』 29(1), 한국의사학회, 2016a.

_____, 「조선시대 의학교과서 연구」, 『한국의사학회지』 29(2), 한국의사학회, 2016b.

_____, 「조선 후기 의약동참과 내침의 신분 연구」, 『장서각』 39, 한국학중앙연구원, 2018a.

_____, 「조선 후기 절사 의원에 대한 연구」, 『한국의사학회지』 31(1), 한국의사학회, 2018b.

_____, 「조선시대 활인서 연구」, 『한국의사학회지』 32(1), 한국의사학회, 2020.

_____, 「조선 후기 태안이씨 의관 연구」, 『역사학연구』 83, 호남사학회, 2021a.

_____, 「조선 후기 밀양변씨 의관 연구」, 『역사학연구』 84, 호남사학회, 2021b.

_____, 「조선 후기 내의원 의관의 직임과 인사」, 『한국의사학회지』 35(1), 한국의사학회, 2022a.

_____, 「조선 후기 중앙군영의 군진의학 제도 연구」, 『한국의사학회지』 35(1), 한국의사학회, 2022b.

_____, 「이종인의 시종통편과 인두법의 보급」, 『다산학』 40, 다산학술문화재단, 2022c.

박훈평, 「새로 발견된 마진휘성 이본 연구」, 『대한한의학원전학회지』 35(4), 대한한의학원전학회, 2022d.

_____, 「조선시대 의료 관청의 겸교수 제도의 변화」, 『한국의사학회지』 36(1), 한국의사학회, 2023a.

_____, 「19세기 전의감의 구성과 운영 양상」, 『서울과 역사』 115, 서울역사편찬원, 2023b.

_____, 「한성부 민간의료의 성장과 약재 유통」, 『서울의료사 1』, 서울역사편찬원, 2023c.

심재우, 「조선 후기 인명 사건의 처리와 검안」, 『역사와 현실』 23, 한국역사연구회, 1997.

안상우, 「해남윤씨 고산 윤선도의 의약사적」, 『도서문화』 46, 목포대학교도서문화연구소, 2015.

오영숙, 「주학의 일면 -최석정의 算 읽기」, 『한국실학연구』 24, 한국실학학회, 2012.

이경록, 「조선 전기 감초의 토산화와 그 의미」, 『의사학』 24(2), 대한의사학회, 2015.

_____, 「조선초기 의서습독관의 운영과 활동」, 『연세의사학』 22(1), 연세대학교 의과대학 의사학과 의학사연구소, 2019.

이기복, 「18세기 의관 이수기의 자기 인식」, 『의사학』 22(2), 대한의사학회, 2013.

조학준, 「명대 의학고시의 시권인 의학통종의 유위의류소도기설당부에 대한 분석」, 『대한한의학원전학회지』 34(4), 대한한의학원전학회, 2021.

홍성덕, 「조선 후기 통신사 수행 의원에 대하여」, 『한일관계사연구』 32, 한일관계사학회, 2009.